教育部人文社会科学重点研究基地重庆工商大学长江上游经济研究中心

教育部人文社会科学重点研究基地重大项目"长江上游地区产业空间优化与经济增长研究"（14JJD790005）

教育部人文社会科学重点研究基地重庆工商大学长江上游经济研究中心 2017 年自主招标项目

"三峡库区百万移民安稳致富国家战略"服务国家特殊需求博士人才培养项目

教育部人文社会科学重点研究基地重庆工商大学长江上游经济研究中心科研（智库）团队资助项目"长江上游地区创新创业与区域经济发展"（CJSYTD201706）

重庆高校创新团队建设计划资助项目"家族企业成长与区域经济发展"（CXTDX201601027）

长江上游地区产业空间优化与经济增长研究

Study on industrial space optimization and economic growth in the upper reaches of the Yangtze River

周立新 著

科学出版社

北京

图书在版编目(CIP)数据

长江上游地区产业空间优化与经济增长研究 / 周立新著.—北京：科学出版社，2018.5

　　ISBN 978-7-03-056979-0

　　Ⅰ.①长…　Ⅱ.①周…　Ⅲ.①长江流域-上游-产业结构优化-研究
②长江流域-上游-经济增长方式-研究　Ⅳ.①F269.24

中国版本图书馆 CIP 数据核字（2018）第051683号

责任编辑：杨婵娟　孙　宇　姜德君 / 责任校对：邹慧卿
责任印制：张欣秀 / 封面设计：铭轩堂
编辑部电话：010-64035853
E-mail:houjunlin@mail. sciencep.com

科 学 出 版 社 出版
北京东黄城根北街 16 号
邮政编码：100717
http://www.sciencep.com

北京教图印刷有限公司印刷
科学出版社发行　各地新华书店经销

*

2018 年 5 月第　一　版　　开本：B5（720×1000）
2018 年 5 月第一次印刷　　印张：12 1/2
字数：236 000

定价：75.00元
（如有印装质量问题，我社负责调换）

P 前　言
REFACE

　　区域协调发展是国家和地区的一项长期战略任务。改革开放以来，中国政府已出台了一系列旨在促进区域协调发展的政策措施，然而，中国区域经济非均衡发展的基本格局并未发生根本性的改变。以长江上游地区为例，该地区主要指长江源头至湖北宜昌这一江段区域，涉及重庆、四川、贵州、云南等省市。作为国家西部大开发的重要地区，近年来长江上游地区内部各省市经济发展水平有了较大提高，但与长江三角洲（简称长三角）地区、珠江三角洲（简称珠三角）地区内部各省市的经济发展水平相比仍然存在较大差距，同时该地区内部各省市的经济发展差距依然非常明显甚至显现出扩大的态势。相关文献显示，产业的空间不均衡分布和空间集聚是区域经济发展差距的重要原因之一。调查发现，目前长江上游地区产业的空间不均衡分布现象突出，集中表现在重庆主城区、四川成都市等经济发达地区产业高度密集，而长江上游其他经济不发达地区产业的集聚程度较低。产业的空间不均衡分布特征在客观上拉大了长江上游地区内部的区际差距，客观上也不利于该地区及国家宏观经济的协调发展。

　　区位选择理论揭示，产业空间优化能够将产业配置到其所需的优势要素所在地区，从而带来该区域内涵式经济增长，实现区域经济的协调发展。而后发优势理论则认为，经济欠发达地区可以通过承接经济发达地区转移出来的产业逐步缩小与发达地区的经济差距，实现区域经济的协调发展。通过产业空间优化获取内涵式经济增长，这是长江上游地区经济发展面临的重大现实问题，对于区域经济协调发展也具有重要的现实意义。

尽管目前国内外学术界已积累较多有关中国产业空间结构及影响因素、产业结构优化、产业转移与经济增长、产业集聚与经济增长等产业空间优化与经济增长关系的相关研究成果，但实证数据主要采自国家层面或长三角等经济发达地区，专门针对长江上游地区产业空间优化与经济增长关系问题的系统性实证研究成果严重不足，而实践界也没有对该问题给予应有的关注。

本书以促进长江上游地区产业空间优化与内涵式经济增长为最终目标，在综述国内外产业空间优化、经济增长等理论基础上，通过文献研究、统计数据收集、实地调查等手段，借助理论分析、典型案例分析、统计与计量分析、比较分析等分析方法，分析长江上游地区产业空间布局与经济发展现状及特征，研究长江上游地区制造产业集聚对全要素生产率增长的影响及机制，并通过对典型地区（长三角、珠三角）产业空间优化与经济增长方式转变的经验借鉴，探索促进长江上游地区产业空间优化与经济增长方式转变的可行路径、相关对策措施。其中：①文献研究。主要通过图书馆、网络等查阅梳理有关产业集聚与空间布局、产业空间优化、经济增长、长江上游地区产业空间布局与经济发展，以及长三角、珠三角等典型地区产业空间优化与经济增长方式转变等方面的国内外期刊论文、会议论文、工作论文、政策法规、政府工作报告、统计年鉴、专著及媒体报道等。共计400余篇/部中外文献、政策法规和政府工作报告。②实地调查。2015年3~11月，对重庆、四川、浙江等地有关政府部门、重点行业和企业进行深度调研。政府部门调研主要了解政府的相关产业政策供给情况、政府未来的产业与经济发展战略等；重点行业调研主要了解产业发展历程、产业空间布局情况、产业转移与承接情况、产业转型升级情况、产业发展存在

的主要问题及影响因素、产业的政策需求与落实情况等；重点企业调研主
要了解企业发展历程、企业转型升级情况、企业绩效与成长情况、企业发
展过程中存在的主要问题、企业的政策需求与落实情况等。③典型案例分
析。以长三角、珠三角地区为典型案例，通过对典型案例的深入研究，揭
示长三角、珠三角典型地区在产业空间优化与经济增长方式转变等方面的
经验，包括路径选择、对策措施等方面的内容。④比较分析。比较分析长
江上游地区四省市（重庆、四川、云南、贵州）的产业空间布局与经济发
展现状及特征，并对长三角和珠三角地区产业空间优化与经济发展方式转
变经验进行比较研究。⑤统计与计量分析。运用统计分析方法，揭示长江
上游地区产业空间布局与经济发展现状及特征；运用多元回归等计量分析
方法，研究长江上游地区制造产业集聚对全要素生产率增长的影响及机制。

　　本书主要由 7 章构成，具体内容如下。

　　第 1 章　绪论。理论基础涉及产业空间优化理论、经济增长理论、产
业空间优化的内涵与量化、经济增长方式的内涵与量化、长江上游地区
（经济区）空间范围的界定；文献综述涉及中国产业空间结构 / 分布现状、
中国产业空间结构 / 分布的影响因素、中国产业空间优化与经济增长（产
业空间优化对经济增长的影响、经济增长对产业空间优化的影响）等方面
的内容。

　　第 2 章　长江上游地区产业发展现状及特征。利用长江上游地区四省
市（重庆、四川、云南、贵州）的统计数据，采用文献研究、统计分析和
比较分析等分析方法，深入揭示长江上游地区产业发展现状及特征。内容
涉及：长江上游地区产业空间布局的历史变迁、产业结构特征及变化趋势
（三次产业结构特征及变化趋势、工业结构特征及变化趋势、服务业结构特
征及变化趋势）、产业空间布局现状及特征（工业布局现状及特征、服务业
布局现状及特征）、产业转移与承接现状及特征、典型产业集聚区发展现状
及特征（重庆笔记本电脑产业集群发展现状及特征、重庆汽车产业集群发
展现状及特征）、产业空间布局存在的主要问题、产业空间布局的主要影响
因素。

第3章　长江上游地区经济发展现状及特征。利用长江上游地区四省市（重庆、四川、云南、贵州）的统计数据，采用文献研究、统计分析和比较分析等分析方法，深入揭示长江上游地区经济发展现状及特征。内容涉及：长江上游地区经济发展总量、结构特征及趋势分析；长江上游地区三次产业效率分析；长江上游地区三次产业全要素生产率及变化情况分析。

第4章　长江上游地区制造产业集聚对全要素生产率增长的影响研究。利用长江上游地区四省市（重庆、四川、云南、贵州）2000~2015年制造行业的面板数据，采用数据包络分析（DEA）的Malmquist生产率指数方法，测算长江上游地区四省市制造业分行业的全要素生产率及增长情况；研究长江上游地区各省市制造产业集聚对全要素生产率增长的影响及机制。

第5章　长江上游地区服务业集聚对全要素生产率增长的影响研究。利用长江上游地区四省市（重庆、四川、云南、贵州）2006~2015年5个服务行业（交通运输、仓储和邮政业、批发和零售业、住宿和餐饮业、金融业和房地产业）的面板数据，采用数据包络分析（DEA）的Malmquist生产率指数方法，测算长江上游地区服务业细分行业的全要素生产率及增长情况；研究长江上游地区服务业集聚对全要素生产率增长的影响及机制。

第6章　典型地区产业空间优化与经济增长方式转变的经验借鉴。利用长三角地区（上海、浙江、江苏）、珠三角地区（广东）的统计数据，采用文献研究、统计分析和比较分析等分析方法，深入揭示长三角和珠三角地区产业空间优化与经济增长方式的经验与教训。内容涉及：①长三角地区产业空间优化与经济增长方式转变的经验借鉴；②珠三角地区产业空间优化与经济增长方式转变的经验借鉴；③经验总结。

第7章　促进长江上游地区产业空间优化与经济增长方式转变的路径选择与对策研究。以实证分析的结论为主要依据，探索促进长江上游地区产业空间优化与经济增长方式转变的可行路径和对策措施。内容涉及：①促进长江上游地区产业空间优化与经济增长方式转变的路径选择。主要包括淘汰落后产能和转移过剩产能、改造提升传统产业、培育壮大优势特色产业及产业集群、加快发展现代服务业及产业集群、培育壮大战略性新兴产业及产业集群、主动承接东部产业转移、实施创新驱动发展战略。②促进长江上游地区产业空间优化与经济增长方式转变的对策研究。主要包括完善产业政策体系、完善技术创新政策体系、完善服务平台、进一步扩大对外开放、全面深化改革。

本书特色与创新之处集中体现在以下五个方面。

第一，通过实地调查、统计分析和比较分析等，对长江上游地区产业空间布局现状及特征、产业转移与承接现状及特征、产业空间布局存在的主要问题及主要影响因素等进行了系统深入的分析研究。进一步拓展和丰富了相关学术领域。

第二，运用三阶段 DEA 模型的 Malmquist 生产率指数方法，对 2005~2014 年长江上游地区 50 个地级区域的三次产业效率、全要素生产率及变化情况进行实证研究。弥补了学术界在该领域研究严重不足的缺陷，成果对于长江上游地区经济增长方式转变及政府政策制定具有指导意义。

第三，利用 2000~2015 年制造业的面板数据，采用 DEA 模型的 Malmquist 生产率指数方法和多元回归分析，研究长江上游地区制造产业集聚对全要素生产率增长的影响及作用机制。弥补了学术界在该领域系统性研究成果严重不足的缺陷，成果对于长江上游地区产业空间优化、经济增长方式转变及政府政策制定具有指导意义。

第四，对长三角、珠三角地区产业空间优化与经济增长方式转变经验（路径与对策措施）进行了系统梳理。成果对于长江上游地区产业空间优化与经济增长方式转变路径选择和政策设计具有重要指导意义。

第五，从产业空间优化角度出发，探索地方政府主导的长江上游地区产业空间优化和经济发展方式内涵式转变路径及对策措施。路径和对策措施具有较强的针对性和可操作性。

本书是教育部人文社会科学重点研究基地重大项目"长江上游地区产业空间优化与经济增长研究"（14JJD790005）的最终研究成果，也是重庆高校创新团队建设计划资助项目"家族企业成长与区域经济发展"（CXTDX201601027）、重庆工商大学长江上游经济研究中心科研（智库）

团队资助项目"长江上游地区创新创业与区域经济发展"（CJSYTD201706）的重要成果之一。本书的主要研究人员包括重庆工商大学周立新、邹璇、文传浩、杨文举、段小梅、朱莉芬。本书得以顺利完成，凝结了作者及项目组全体成员 3 年多的心血。感谢重庆工商大学博士研究生丁黄艳、硕士研究生张超、王照、李梅、周玉琪、李智、李枸宇在数据收集和统计分析上给予的帮助，尤其是张超承担了大量的数据收集与统计分析工作。感谢重庆工商大学长江上游经济研究中心的资助，使本书能够及时出版。

当然，本书仅仅是项目组对长江上游地区产业空间优化与经济增长问题的一个探索性研究成果，还有许多问题值得进一步深入研究。限于研究的时间和精力，特别是限于作者自身的研究水平和学识，本书还存在不足之处，敬请同行专家学者批评指正！

周立新

2018 年 3 月于重庆工商大学

C目 录
ONTENTS

第1章 绪 论

1.1 产业空间优化理论

自绝对优势理论开始,产业空间优化思想便进入了经济学领域,其后比较优势理论、工业区位理论和要素禀赋理论等所涉及的专业化分工及区位选择等具体化了产业空间优化思想。从 Thünen1826 年提出的农业区位论(杜能,1986)到 Weber 1909 年提出的工业区位论(韦伯,1997)再到 Krugman(1991)、Martin 和 Rogers(1995)、Venables(1996)、Fujita 等(1999)、Robert-Nicoud(2002)、Forslid 和 Ottaviano(2003)提出的动态新区位论等,无一不在为产业空间优化提供理论基础。

古典或新古典区位理论在很大程度上是研究厂商选择何种地点才能最大限度地降低运输成本或实现利润最大化。1826 年,Thünen 在《孤立国同农业和国民经济的关系》中,最早注意到了空间运输成本,指出离消费市场的距离的远近对农作物布局有重大影响。通过考察地租、运输成本和农产品收益之间的关系,得出了以城市为中心,由内而外依次排序的六个环状同心圆结构(杜能,1986)。1909 年,

第1章 绪 论

1.1 产业空间优化理论

自绝对优势理论开始，产业空间优化思想便进入了经济学领域，其后比较优势理论、工业区位理论和要素禀赋理论等所涉及的专业化分工及区位选择等具体化了产业空间优化思想。从 Thünen1826 年提出的农业区位论（杜能，1986）到 Weber 1909 年提出的工业区位论（韦伯，1997）再到 Krugman（1991）、Martin 和 Rogers（1995）、Venables（1996）、Fujita 等（1999）、Robert-Nicoud（2002）、Forslid 和 Ottaviano（2003）提出的动态新区位论等，无一不在为产业空间优化提供理论基础。

古典或新古典区位理论在很大程度上是研究厂商选择何种地点才能最大限度地降低运输成本或实现利润最大化。1826 年，Thünen 在《孤立国同农业和国民经济的关系》中，最早注意到了空间运输成本，指出离消费市场的距离的远近对农作物布局有重大影响。通过考察地租、运输成本和农产品收益之间的关系，得出了以城市为中心，由内而外依次排序的六个环状同心圆结构（杜能，1986）。1909 年，

Weber 在《工业区位论》中探讨了工业在地区间迁移的原因，并将影响工业区位选择的因素分为区域性因素（运输成本、劳动力工资）和非区域性因素（集聚因素、扩散因素）两类。集聚因素又进一步区分为特殊和一般两种类型：特殊因素如便利的交通和丰富的矿藏；一般因素如为各个产业和工厂服务的机器修理和制造厂、专业劳动市场、购买原料的便利和公路基础设施等。古典和新古典区位论都试图在完全竞争的一般均衡框架下引入空间因素，通过交通-运输成本的考察，有时甚至把空间因素直接当成一种生产要素纳入生产函数中（韦伯，1997）。1933 年，Christaller 在《德国南部中心地原理》中考察了中心商品的影响范围，在市场原则、交通原则和行政原则的区分下，分别得到了不同规模的中心地等级体系，形成了著名的"中心地理论"（克里斯塔勒，1998）。1939 年，Losch 把"中心地理论"进一步发展成为产业的"市场区位理论"。其将区域定义为依赖于市场区及规模经济和交通成本之间关系的节点区。从而使区位分析由单纯的生产扩展到市场，从单个厂商为主扩展到整个产业（勒什，1998）。1956 年，Isard 在《区位和空间经济学》中，把区位问题重新表述为一个标准的替代问题，其替换原理的分析本质就是把空间（交通运输成本）当作一种可以交换的生产要素，厂商可以被看作在权衡运输成本与生产成本（艾萨德，2011）。

在动态新区位论研究中，Krugman（1991）依托新古典理论的一般均衡分析框架，在 D-S 模型中加入"冰山"成本变量，并基于规模报酬递增假定，构建了核心-边缘模型（core-periphery model，CP 模型）。该模型以劳动力跨区域流动为基本假设前提，认为产业空间结构是受到由市场接近效应、生活成本效应形成的"集聚力"和由市场拥挤效应形成的"分散力"及循环累积因果机制作用的结果。Martin 和 Rogers（1995）的自由资本模型（footloose capital model，FC 模型），改变了核心-边缘模型的假设前提，强调资本的跨区域流动，认为资本收益率的区际差异是资本区际流动的驱动力。如果工业品的区际贸易无成本，则资本收益率的区际差异为零，资本没有跨区域流动的动因，经济处于稳定的长期均衡状态，则企业区位选择不重要。当工业品的区际贸易有成本时，资本收益率的区际差异的大小取决于市场接近效应和市场拥挤效应这两种反向力量相互作用的合力。资本的最终流向取决于这两种效应大小的对决。随着贸易自由度的提高，虽然市场接近效应形成的"集聚力"和市场拥挤效应形成的"分散力"都在减弱，但后者减弱得更快，因而将促进工业的集聚。Forslid 和 Ottaviano（2003）的自由企业家模型（footloose-entrepreneur model，FE 模型），与核心-边缘模型存在很多相似之处，两者都强调经济活动空间集中是流动因素迁移的结果，但自由企业家模型中的流动要素是人力资本或企业家。因为人力资本和资本所有者不能分离，所以人力资本的流动也意味着所有者的空间流动，并导致市场规模变化，并引起生产转移；市场较大、生活成本较低的区域对人力资本有较强的吸引力，因此生产转移也会刺激人力资本转移。Venables（1996）的垂直联系模型（vertical-linkage model，VL 模型）认为，假定生产要素不能自由流动，如果中间商品受到规模经济和运费成本的影响，则生产中间产品的厂商必然位于市场需求大的地方，而这正是下游产业集中的地方。同样，针对生产最终产品的厂商来讲，它们必然位于上游产业集中的地方。因此，在生产过程中必然会出现区域经济不平等问题。拥有大量制造业门类的区域能为中间商品提供比较广阔的市场，使这些区域趋向于地域一体化集中，从而使下游生产具有成本优势，并强化这种优势；Fujita 等（1999）的核心-边缘垂直联系模型（core-periphery vertical-linkage model，CPVL 模型）揭示，产业聚集主要源于劳动力的跨部门流动。Robert-Nicoud（2002）的自由资本垂直联系模型（footloose capital vertical-linkage model，FCVL 模型），把资本的流动性和垂直联系结合起来。显然，从区位角度布局产业的根本原因是要素和产品空间流动受阻。

1.2 经济增长理论

经济增长理论的发展经历了古典经济增长理论、新古典经济增长理论、新增长理论等不同阶段。

　　古典经济增长理论起源于古典经济学的思想。1776 年，Simth 指出，生产性劳动和非生产性劳动之间的比例、由合理的劳动分工而引起的劳动生产率的提高，以及资本积累投资是一个国家经济增长的最关键的三个要素（斯密，1972）。古典经济增长理论认为，经济增长的主要因素是自然资源、资本和劳动等因素，资本、劳动和稀缺的自然资源间的结合造成报酬递减效应，各要素对促进经济增长的作用不同，资本积累尤为重要。这为后续有关经济增长研究奠定了基础。

　　新古典经济增长理论认为，长期经济增长是储蓄（投资）、人口增长（劳动）和技术进步的函数。但是，它的微观基础建立在完全竞争和规模报酬不变的假定之上，因此由资本积累和劳动投入所带来的经济增长最终会由于要素边际报酬的递减而消失，只有外生的技术进步才能使长期的经济增长得以维持。可以看出，新古典经济增长理论中并没有资源空间配置的影子，地理因素不会对经济增长产生任何影响。

　　20 世纪 80 年代中期，以 Romer（1986）、Lucas（1988）、Aghion 和 Howitt（1992）的研究为开端，众学者更加注重研究经济增长的内生性问题，并由此形成了新增长理论。新增长理论认为，知识资本的生产存在规模报酬递增，即随着知识的积累，创造知识的边际成本会下降，在这种假定下，把技术进步内生化，从而长期的经济增长可以持续地进行（刘修岩，2009）。Romer（1986）认为，在生产过程中除了存在资本和劳动两种投入要素外，还存在人力资本和技术另外两种投入要素，知识作为输入的生产增加了边际生产力，经济增长和规模收益递增的主要动因之一是专业知识的积累和溢出。Lucas（1988）指出，物质资本、人力资本的内生积累及技术的内生变化有助于提高经济增长率。Aghion 和 Howitt（1992）强调知识产生过程或工业创新的积累带来的内生经济增长。虽然大多数新增长模型都强调了技术外溢和知识外部性在经济增长中的重要作用（Romer，1986；Lucas，1988；Grossman and Helpman，1991；Aghion and Howitt，1992），但这些研究并没有考察知识和技术溢出的强度，从而也就忽略了空间因素的影响。

20 世纪 90 年代以来，一些新经济地理学家开始将经济增长和空间集聚放在统一的框架下进行研究，强调技术外溢和空间集聚的相互作用（Varga and Schalk，2004；刘修岩等，2012），并从中得出了一些很有价值的结论。例如，Martin 和 Ottaviano（1999）认为，资本存量产生的溢出效应影响新资本的形成成本，从而进一步促进资本积累，最终形成内生的经济增长。其基本逻辑是，在一个两地区模型中，劳动力在地区间是不流动的，只用劳动来生产一种同质消费品和一种差异产品。差异产品同时用作创新部门的中间投入。假定生产同质产品的部门存在不变的规模报酬、完全竞争和零运输成本，而生产差异产品的部门存在递增的规模报酬、垄断竞争和交易中的冰山成本。贸易成本（交易成本）和递增的规模报酬的相互作用，使差异产品的生产部门将会向较大的市场集聚。因此集聚随着经济增长不断增加。经济集聚会降低那些经济活动较集中地区的创新成本，因而也会促进该地区更快的经济增长，即经济增长与地理集聚是一个相互强化的过程。Baldwin 等（2001）在假定劳动力在地区间不流动的前提下，指出资本存量产生的溢出效应对新资本形成的影响在不同的空间是有差别的，并分析了溢出效应对经济活动的空间分布及内生经济增长率的影响。由于创新部门技术本地化溢出效应的存在，企业愿意投资于创新部门所在的地区。在假定每单位资本只生产一种产品的情况下，持续的投资使得工业品种扩大，这会导致实际产出和实际收入水平的提高，从而实现经济的内生增长。Baldwin 和 Forslid（2000）基于劳动力在区域间自由流动的假设，提出了一个结合内生经济增长理论和新经济地理学核心（中心-外围）模型（Krugman，1991）的动态模型，该模型解释了经济一体化过程中相互影响的现象，如运输成本的下降会影响到制造业活动的空间分布和经济增长，模型体现了经济增长与制造业活动分布之间的相互影响关系，更准确地讲，体现了内生增长理论背后的动力——技术的外溢和制造业活动的分布有关。Fujita 和 Thisse（2003）在使用与 Baldwin 和 Forslid（2000）相似的假设下，得出以下结论：经济由分散走向集聚会加快创新的步伐，因而会对经济增长起到促进作用。尽管经济集聚最初会导致地区间的不平等，但集聚促进了经济增长，因此最终会对外围地区产生积极影响，这是一个帕累托改进的过程。Dupont（2007）认为，在假定地方化的溢出效应和资本完全流动的条件下，地理集聚会促进学习的溢出效应和经济增长，并降低区域内和区域间的不平等。Bertinellin 和 Black（2004）认为，人力资本积累只有在集聚地区才能实现，因而集聚会促进增长，但集聚同时会带来静态的拥挤效应，两种效应在不同发展阶段的力量对比会发生变化。在发展初期，人力资本积累的潜在收益最大，而拥挤的负外部性并不会变化，但随着发展水平提高，人力资本积累的收益逐步减少，拥挤的力量逐步增强。因此集聚的影响效应并非总是正向的线性关系。

1.3　产业空间优化的内涵与量化

目前学术界主要选择反映产业集聚程度的指标来衡量各地区、各时期、各产业的产业空间优化程度。某地区、某时期、某产业的集聚程度越高，则该地区、该时期、该产业的空间优化程度越好。

有关产业集聚程度的测量，现有文献主要包括三个方面的测量指标：一是产业地理集中度指标，如行业集中度、赫芬达尔指数、区位商、产业空间基尼系数和 Hoover 系数等，这些指标没有考虑企业规模、产业组织和区域差异等的影响；二是 Ellison 和 Glaeser（1997）、Ellison 等（2010）构建的 EG 指数，EG 指数控制了企业规模、区域差异和产业组织等因素对产业集聚带来的影响，使计算结果能够在产业和不同地区之间进行比较，被国内外学者广泛使用；三是基于距离的计算指标，如 Duranton 和 Overman（2005，2008）构建的 DO 指数等，DO 指数是以企业之间的地理距离为基础测量产业地方化，该指标把离散空间转化为连续的距离，使产业集聚的测度精确到企业可能存在的任意范围。由于 DO 指数需要利用较为精确的厂商空间位置数据，并假设厂商的空间分布具有连续性突破了区域边际限制，虽然 DO 指数较为精确，但在我国的实践性并不强。

1.4　经济增长方式的内涵与量化

经济增长方式一般被定义为推动经济增长的各种生产要素投入及其组合的方式，其实质是依赖什么要素，借助什么手段，通过什么途径，怎样实现经济增长（吴敬琏，2006）。从经济增长效率角度来看，经济增长方式可以划分为粗放型和集约型两种不同类型，而投入产出效率是判断粗放型与集约型经济增长方式的主要标准。粗放型经济增长主要依靠生产要素的大量投入来实现经济增长，而集约型经济增长主要依靠生产要素效率的提高来实现经济增长。多数学者认为，经济增长方式转变的本质是提高全要素生产率或全要素生产率增长率对经济增长的贡献率（厉无畏和王振，2006；蔡昉，2013；赵文军和于津平，2014）。全要素生产率或全要素生产率增长率对经济增长的贡献率越高，则说明经济增长方式越趋向于集约型增长。因此，全要素生产率成为度量经济增长方式转变的最常用指标。

1.5　长江上游地区（经济区）空间范围的界定

从流域来看，长江上游全流域区包括青海、西藏、云南、贵州、四川、甘肃、重庆、陕西、湖北 9 个省（自治区、直辖市），52 个地（市、州）、408 个县（区、市）。国内学术界对长江上游地区的划分历来有不同的观点和方案。本书主要从经济区的视角来界定长江上游地区。白志礼（2009）的研究指出，对长江上游地区（经济区）空间范围的界定，除了考虑自然条件的相对一致性和区域的连片性之外，更重要的是考虑经济联系的紧密性和省级行政区划的完整性。因此，白志礼（2009）将长江上游地区（经济区）空间范围界定为四川、重庆、云南和贵州四省市。其中，四川、重庆全域基本属于长江上游流域范围，贵州 64.3% 的面积属于长江上游流域，而云南仅有 27.9% 的面积属于长江上游流域，但是，这两个省份与四川、重庆地域相连，区位、气候和地质地貌等自然条件相似，经济社会联系紧密（白志礼，2009）。

1.6 中国经验研究

本节聚焦于中国产业空间优化与经济增长相关实证研究文献，涉及中国产业空间结构/分布现状、中国产业空间结构/分布的影响因素、中国产业空间优化与经济增长（包括产业空间优化对经济增长的影响、经济增长对产业空间优化的影响）等方面的实证研究文献。

1.6.1 中国产业空间结构/分布现状

对中国产业空间结构/分布现状的判断，主要建立在对产业集聚程度度量的基础之上，由于所采用的产业集聚测度指标的差异性，目前学术界对该问题的研究尚未有一致性的实证结论。例如，陈秀山和徐瑛（2008）借助区位商和行业集中度等指标，构建了反映产业空间结构变动过程和结果的度量指标，发现1996～2005年中国制造业空间结构变动过程和结果都同时表现出集聚和扩散两类特征，但集聚占绝对优势。路江涌和陶志刚（2007）采用Hoover系数和EG指数，测量了1998～2003年中国县级区域行业集聚度，发现中国行业区域集聚程度呈上升趋势，而低技术密集型行业的集聚最为明显。范剑勇和姚静（2011）运用产业空间基尼系数与地区Hoover系数，以1998～2007年我国制造业二位数行业和四位数行业在县级层面的空间分布为研究对象，发现我国制造业各行业在县级经济体的分布是不平衡的，县级经济体的产业空间基尼系数与Hoover系数均处于较高水平，表明国内地区间产业同构现象实际上并不存在。何玉梅等（2012）采用基于距离的产业集聚指标和企业层面的微观数据，分析了2003～2007年我国制造业内部84个细分行业空间分布的动态演变特征，发现我国劳动密集型和比较优势产业的平均集聚程度较高，而资本密集型和技术密集型产业的平均集聚度较低，生产要求接近原料地的食品加工制造、酒精及饮料制造加工等行业平均集聚度也较低；大多数制造行业的集聚度变化不大。沈能等（2014）采用产业空间基尼系数，分析了2000～2011年中国制造业的集聚情况，发现中国制造业总体上呈现较高的空间集聚程度，制造业"东倾趋势"明显；集聚程度超过平均水平的行业主要集中在劳动密集型行业和技术密集型行业，而资本密集型行业和资源密集型行业的平均集聚程度较低。文东伟和冼国明（2014）利用 1998~2009 年中国企业层面的数据，采用 EG 指数从省、市、县三个层面，分别测算了中国 30 个二位数制造业、163 个三位数制造业和 430 个四位数制造业的产业集聚情况，发现中国制造业的地理集聚程度呈现出不断上升的趋势，但与欧美主要国家相比集聚程度相对较低。

1.6.2 中国产业空间结构 / 分布的影响因素

关于中国产业空间结构 / 分布的影响因素的分析，马歇尔的外部性、新经济地理的规模报酬理论（包括本土市场效应理论）都发挥着重要作用。具体而言，制度因素、地理因素、自然资源、要素禀赋、运输成本、交易成本、技术外溢、规模经济、市场规模、市场潜能、本地市场效应、对外开放等在中国产业空间结构和产业空间分布中的重要作用被很多研究所证实。具体如下。

Young（2000）指出，中国改革进程导致了区域市场的分割和区域产业结构的雷同。Hu（2002）认为，中国东部地区凭借对外贸易上的地理优势成为产业集聚的初始地区，并且这种领先地位不断得到强化。Gao（2004）利用跨省统计数据检验表明，缘于地理优势的出口贸易和外商直接投资（FDI）对中国产业集聚化增长具有正向影响。Amiti（2005）、Amiti 和 Javorcik（2008）对中国省级产业数据实证研究发现，影响外资在我国集聚的最主要因素是地理位置上靠近市场或者供应商。文玫（2004）利用第二次和第三次工业普查数据研究发现，影响制造业重新定位和集中的决定因素主要是人口规模、外资、城市数目和交通运输条件等；东部沿海地区优先发展的政策，使广东、江苏、山东等省份成为众多制造业的中心；交易费用和运输费用的进一步下降可能会促进制造业在地域上的进一步集聚。胡向婷和张璐（2005）利用中国 26 个省区的产业数据分析发现，政府设置的贸易壁垒增加了地区间贸易成本，贸易成本会促进地区间产业结构趋同；政府的投资行为则在整体上促进了地区间产业结构的差异化。金煜等（2006）基于1987～2001年中国省级制造行业的面板数据检验发现，经济开放促进了地区制造业集聚，而经济开放又与地理和历史的因素有关；市场容量、城市化、基础设施的改善和政府作用的弱化也有利于地区制造业集聚；此外，经济政策也是导致地区制造业集聚的重要因素。黄肖琦和柴敏（2006）利用1993～2004年中国29个省区的面板数据检验揭示，新经济地理学所揭示的贸易成本、技术外溢、市场规模及历史FDI等能够更好地解释在我国外商投资的直接区位分布。路江涌和陶志刚（2007）认为，地方保护主义在很大程度上限制了制造行业的区域集聚。陈建军（2007）利用长江三角洲1978～2003年的产业数据分析指出，要素流动和产业转移是区域经济一体化的主要动力，并由此引起长三角空间结构和产业结构的变动，推动了经济一体化进程。王业强和魏后凯（2007）基于1995～2003年中国28个二位数制造业的面板数据分析发现，传统的劳动力等比较优势逐渐成为抑制中国制造业地理集中的主要因素；中国制造业地理集中主要由产业的技术偏好、市场规模和产业关联等因素推动；规模经济限制了产业空间集中和扩散，但总体上具有微弱的促进产业空间集中的作用。刘修岩等（2007）使用中国1999～2004年210个地级城市的面板数据检验发现，市场潜能对制造业空间集聚具有显著的正向影响。黄玖立和黄俊立（2008）基于1990～1997年中国省区细分产业数据检验显示，中国区域间产业空间分布的"中心-外围"趋势加强，主要原因是，国外需求依赖性产业在国外市场规模较大的省区增长较快，较大的本地和地区市场促进了国内市场依赖型产业的增长。李杰（2009）利用中国28个省区的面板数据检验发现，我国产业的聚集程度与知识溢出度负相关，与贸易自由度正相关；一个地区的市场规模越大，越有利于产业的聚集；政府对地方产业的保护不利于产业的聚集，但是国有企业的发展有可能推动产业的聚集。李君华和彭玉兰（2010）利用2002年中国省区的行业数据检验发现，对外开放、城市化、工业基础的增强，交通设施的改善和地方保护主义的削弱将非常有利于中国制造业的进一步集聚,知识溢出的作用也同样不容忽视。范剑勇和谢强强(2010)利用中国区域间投入产出表数据,实证了本地市场效应的存在,并发现本地市场效应的重要特征是促进了产业集聚。臧新等(2011)运用 2000~2007 年面板数据模型及 2006 年横截面数据回归模型,对制造业 4 个高度集聚和3 个低度集聚典型行业的实证研究发现,政策与政府、开放性和人力资源素质是影响制造业各行业集聚的关键因素。刘庆林和汪明珠(2011)基于 2002~2008 年中国各省区的面板数据检验发现,一个地区的专利数越多、人力资本越多、FDI 集聚程度越高,对跨国企业的吸引力越大,FDI集聚程度的差异是造成我国东中西部地区产业空间结构不均衡的重要原因。许德友和梁琦(2012)认为,中国沿海地区的产业集聚、出口贸易集聚和外商投资集聚在近年来出现向中西部地区扩散的原因,既与国内贸易成本下降有关,也与外部市场地位相对下降有关。何玉梅等(2012)通过对 2003~2007 年中国制造业三位代码细分行业的检验发现,在小地理范围和较低层次行业分类上,影响我国制造业产业集聚最重要的因素是马歇尔外部性中的中间投入共享,劳动力成熟度和知识溢出对产业集聚也发挥了重要作用,规模报酬对产业集聚的影响是非线性的,开放程度的提高和运输成本的降低也有利于促进产业集聚,而国有企业比例过大的行业则不容易形成集聚。刘修岩和何玉梅(2011)使用 1999~2008 年中国全部国有和规模以上非国有工业企业数据分析发现,地区产业专业化水平和市场潜能等对产业的动态集聚有着显著的正向影响,而地区行业多样化水平和地区制造业相对工资增长率的系数则为负向不显著,地区的要素禀赋对中国产业的动态集聚也具有重要影响。袁冬梅和魏后凯(2011)使用1995~2009 年的省级面板数据进行检验发现,外资流入对我国产业集聚具有正向作用;各省区的海外市场接近度指标对促进产业区域集聚也起了积极作用,但内部市场潜力指标没有通过"国内市场效应"对产业集聚产生有利影响。

1.6.3　中国产业空间优化与经济增长

1.产业空间优化对经济增长的影响

1）产业结构优化、产业转移对经济增长的影响

多数国内学者认为，产业结构优化对经济增长具有积极的促进作用。吕铁和周淑莲（1999）发现，通过产业结构调整和升级来实现产业间生产率的均衡化，结构变动具有集约增长效应。刘伟和张辉（2008）指出，1978~2006年虽然我国产业结构变迁对经济增长的贡献一度十分显著，但是随着市场化程度的提高，我国产业结构变迁对经济增长的贡献呈现不断降低的趋势，逐渐让位于技术进步。干春晖和郑若谷（2009）的研究也表明了产业结构对经济增长具有积极的影响，但他们也指出这种"结构红利"随着改革的推进在逐步减弱。干春晖等（2011）进一步指出，1978~2009年中国产业结构合理化和高级化进程均对经济增长的影响有明显的阶段性特征，相对而言，产业结构合理化与经济增长之间的关系具有较强的稳定性，而产业结构高级化与经济增长之间的关系则表现出较大的不确定性。杨天宇和曹志楠（2015）认为，2008~2013年劳动力的产业间流动在总体上仍然是促进中国经济增长的重要因素。然而，也有学者的研究指出，产业结构优化对经济增长的作用不显著。吕铁（2002）发现，1980~1997年中国制造业行业间的劳动力流动对劳动生产率增长的影响并不大。李小平和卢现祥（2007）对中国制造业在1998~2003年的结构变动与生产率增长关系的研究中，也发现中国制造业的产业结构变化带来的"红利"并不显著。

关于产业转移对经济增长的影响问题，国内学术界主要从产业转移对转出地或转入地经济增长的影响两个方面展开讨论，目前尚未达成一致性的研究结论。朱汉清（2010）指出，产业转移对承接地和转出地的经济增长均各有利弊，但要素空间流动对流入地的经济增长具有较大的促进作用，对流出地则具有釜底抽薪的危害。冯根福等（2010）发现，试图通过

推动东中西部地区间的产业转移来缩小我国地区间差异在相当长的时期依然难以实现。李强（2011）在 Romer（1986）的内生经济增长框架中进行理论分析和实证研究发现，在存在技术进步的情况下，产业转移对转出地经济增长率的贡献取决于人力资本存量。张辽（2013）利用 1997～2011 年中国 30 个省区的面板数据检验揭示，东部地区产业转移对地区经济增长的促进作用依赖于分位点的位置，产业转移在中国西部产生的增长效应较东中部均更加显著。关爱萍和魏立强（2013）运用 2000～2011 年我国中西部地区的面板数据检验发现，区际产业转移对我国中西部各省区经济增长存在负向空间溢出效应；同时，区际产业转移、外商直接投资与创新强度对中西部地区经济增长具有明显的促进作用。曹翔和傅京燕（2016）运用 2000～2014 年广东省 21 个地级市的面板数据分析揭示，广东省污染产业转移无法兼顾转入地的经济增长却可以兼顾转出地的经济增长；工业二氧化硫和烟尘重污染行业在各地级市的转移无法兼顾全省的经济增长，但工业废水重污染行业在各地市的转移可以兼顾全省的经济增长。

2）产业集聚对经济增长的影响

关于产业集聚对经济增长的影响问题，目前国内学术界存在正向影响、负向影响、曲线影响关系等多种实证结论。周兵和蒲勇健（2003）利用 1990～2001 年中国西部交通运输设备制造业数据分析发现，产业集聚有利于地区经济增长。罗勇和曹丽莉（2005）对我国电子及通信设备制造业数据检验揭示，产业集聚（EG 指数）与工业总产值之间高度正相关。章元和刘修岩（2008）基于中国地级市数据的实证研究发现，集聚经济对城市人均 GDP 的增速产生显著的正向影响。张亚斌和刘靓君（2008）利用 1997～2006 年中国 31 个省区生产性服务业的面板数据分析发现，中国生产性服务业集聚对经济增长有促进作用，且这种影响存在地区差异性。薄文广（2007）利用 1994～2003 年中国 29 个省区 25 个行业的面板数据研究揭示，专业化水平与产业增长之间存在着负向关系，多样化程度与产业增长之间存在着非线性关系，并且产业多样化水平对经济增长的作用在很

大程度上取决于产业的性质及产业的地理区位。陈立泰和张祖妞（2010）
采用衡量产业集聚的区位商和 H 指数，对我国服务业省际面板数据的分
析发现，服务业集聚与经济增长之间显著负相关。徐盈之等（2011）利用
1978～2008 年中国 30 个省区的面板数据，对"威廉姆森假说"检验发现，
空间集聚对经济增长具有非线性效应，即没有达到门槛值以前，集聚对经
济增长具有正效应，但超出门槛值之后，集聚会降低经济增长率。张云飞
（2014）利用 2003～2011 年山东半岛城市群制造行业的面板数据分析显示，
城市群内产业集聚与经济增长之间存在显著的倒 U 型曲线关系，即产业集
聚初期推动经济增长，达到一定程度后，过度产业集聚引起的负外部性会
抑制经济增长。韩峰等（2014）运用 2003～2011 年城市生产性服务业的面
板数据分析发现，生产性服务业集聚对经济增长的影响是倒 U 型曲线关系，
边际贡献先增大后减小。吴亚菲和孙淼（2017）对 2004～2013 年长三角城
市群 26 个地级市的空间面板数据分析揭示，长三角城市群经济增长与产业
集聚之间存在空间相关性，制造业的集聚程度对长三角城市群经济增长具
有正向影响，而生产性服务业的集聚程度对长三角城市群经济增长则具有
负向影响。

3）产业集聚对全要素生产率的影响

总体上看，目前国内学术界有关产业集聚对经济增长的影响，主要讨
论产业集聚对全要素生产率的影响。为此，以下将单独梳理产业集聚对全
要素生产率影响的相关实证研究文献。

关于产业集聚对全要素生产率的影响问题，目前学术界存在正向影
响、负向影响、曲线影响关系及情境依赖性特征。赵伟和张萃（2008）基
于 1999～2003 年 20 个制造行业的面板数据检验发现，制造业空间集聚
主要通过推动技术进步促进全要素生产率增长。范剑勇等（2014）利用
1998～2007 年计算机、通信和其他电子设备制造业的企业数据，研究县级
层面产业集聚的主要形式——专业化和多样化经济对全要素生产率及其构
成要素的影响，发现产业集聚（专业化经济）通过技术效率改进促进了制

造企业全要素生产率增长，多样化经济虽然能够促进前沿技术进步，但没有显著促进制造企业全要素生产率增长。郭悦等（2015）对 2005～2012 年中国省级旅游业数据分析揭示，旅游产业集聚对各省旅游产业全要素生产率具有显著的正向影响。李子叶等（2015）利用 2003～2012 年中国 29 个省区生产性服务业的面板数据检验发现，生产性服务业聚集在总体上有利于全要素生产率增长，但这种促进作用不是简单的线性效应关系，而是存在显著的 U 型影响关系。孙慧和朱俏俏（2016）基于 2005～2014 年中国 31 个省区资源型产业的面板数据分析揭示，资源型产业集聚与全要素生产率增长之间存在显著的倒 U 型关系，资源型产业最优集聚规模为 0.891，当资源型产业集聚度小于 0.891 时，资源型产业集聚对全要素生产率增长具有显著的促进作用，一旦资源型产业集聚度超过这一拐点时，资源型产业的过度集聚就会阻碍全要素生产率增长。鹿坪（2017）基于 2004～2015 年中国 286 个地级城市制造业的面板数据检验发现：第一，制造业集聚对地区全要素生产率具有显著的负影响，生产性服务业集聚显著提高了地区全要素生产率，制造业与生产性服务业的共同集聚显著促进了地区全要素生产率的提高；第二，制造业集聚对地区全要素生产率的负影响主要通过抑制技术进步发挥作用，生产性服务业集聚对地区全要素生产率的正影响主要通过提升技术效率实现，制造业与生产性服务业的共同集聚对地区全要素生产率的正影响通过促进技术进步和提升技术效率两条途径来实现。沈能等（2014）对 2000～2011 年中国 28 个制造行业的面板数据检验揭示，随着中国制造产业集聚度由弱变强，对行业全要素生产率增长产生先提高后降低的倒 U 型影响。王丽丽和范爱军（2009）基于 2003～2007 年中国 28 个制造行业的面板数据发现，产业集聚与全要素生产率增长之间存在显著的门限效应，产业集聚水平为 0.0155～0.0492 时最有利于促进全要素生产率增长。张公嵬和梁琦（2010）对 2000～2007 年我国制造业 28 个行业的面板数据分析指出，产业集聚和出口的相互作用削弱了各自对全要素生产率增长的正面作用。王燕和徐妍（2012）通过 2000～2008 年中国 20 个制造行业的面板数据检验揭示，中国制造产业空间集聚对全要素生产率的影响随着产业集聚水平的提高而逐步弱化，资源性和中低技术行业的集聚水平较低但集聚效应较高。崔宇明等（2013b）对1986~2011年中国29个省区的面板数据分析发现，不同城镇化水平下产业集聚对全要素生产率的影响存在明显的差异。张公嵬等（2013）对2000~2009年中国28个制造行业的面板数据检验指出，总体上，FDI存在技术溢出效应，产业集聚发挥了正的外部效应，二者的交互作用对按要素密集度分类的资源密集型产业、劳动密集型产业、资本密集型产业和技术密集型产业全要素生产率增长的影响具有显著的差异。崔宇明等（2013a）对1986~2011年中国各省区数据分析发现，在低人力资本条件下，产业集聚对全要素生产率增长没有影响；当人力资本跨越门槛值，产业集聚显著促进全要素生产率增长，并且随着人力资本的进一步提高，促进效果明显加强。沈能等（2014）揭示，中国制造产业集聚对全要素生产率增长的影响效应在不同行业、不同集聚区间有所差异，并且具有显著的三重非线性门槛特征。

2. 经济增长对产业空间优化的影响

总体上看，目前国内学术界有关经济增长对产业空间优化影响问题的研究成果较少，现有成果集中于讨论经济增长及其方式转变对产业结构优化、产业转移的影响。例如，卢福财和罗瑞荣（2010）认为，中国经济增长方式转变是从低端传统产业转移到高新技术产业，从全球价值链中的组装低端生产环节转向产品科技研发和销售的高端环节。陈得文和苗建军（2010）对经济增长与空间集聚的内生关系进行的实证研究发现，经济增长对空间集聚具有门槛效应，即当区域集聚水平低于该门槛时，经济增长会促进区域的空间集聚，而当集聚水平超过该门槛值后，区域内的拥挤成本将急剧增加并最终阻碍经济活动的空间集聚。于倩和江晴（2012）指出，转变经济发展方式会促进落后地区又好又快发展，缩小其与发达地区的经济差距，形成对发达地区产业转移的吸引力。严成樑（2017）指出，农业部门全要素生产率上升是我国产业结构变迁的重要原因，而非农业部门全要素生产率上升、资本深化和财政支出扩张对我国产业结构变迁的贡献力度较小。具体而言，农业部门全要素生产率上升和非农业部门资本深化是 1978～1994 年我国经济增长的最主要原因；非农业部门资本深化和非农业部门全要素生产率提高是 1995～2012 年我国经济增长的最主要原因。

第2章 长江上游地区产业①发展
现状及特征

2.1 长江上游地区产业空间布局的历史变迁

1. 工业化起步阶段（1937～1949年）

　　长江上游地区近代工业起步较晚，发展速度慢，到1937年抗日战争爆发前，全国有限的近代工业主要集中在东部沿海地区的大中城市，工业布局极不合理。根据抗日战争爆发前夕1937年国民政府实业部统计，全国（不包括东北地区）符合《工厂法》登记条件的工厂有3935家，其中分布在河北、山东、江苏、浙江、福建、广东六省及天津、威海、青岛、上海四市的工厂有2998家，占总数的76%，江苏、浙江、上海三省市的工厂有2336家，占总数的59%，分布在上海的工厂有1235家，占总数的31%（齐植璐，1983），分布于长江

---

　　① 国家的行业统计口径在2002年和2011年有两次调整，即《国民经济行业分类与代码》（GB/T4754—2002）、《国民经济行业分类与代码》（GB/T4754—2011），两次调整对个别行业的归类不同。本书根据数据选取年份的分布情况，选择了2002年或2011年版的《国民经济行业分类与代码》，对个别行业名称不一致的数据进行了微调，所以书中的行业名称不统一。

上游地区的四川、云南和贵州的工厂分别有 115 家、42 家和 3 家（齐植璐，1983）。

抗日战争时期，我国东部沿海、沿江工厂的大规模内迁从 1937 年 8 月开始，一直持续到 1940 年年底才初步结束。该时期内迁的工厂总计 639 家，其中经国民政府工矿调整处协助内迁的工厂有 448 家（其中迁往四川的工厂有 245 家），自行内迁的工厂有 191 家，内迁的工厂的资产总额在 1 亿元以上（林建曾，1996）。这些内迁的工厂主要集中在四川，尤其是陪都重庆。根据国民政府经济部的统计，1942 年国民党统治区各省共有工厂 3758 家，其中四川有工厂 1654 家，占国民党统治区工厂总数的 44%（戴鞍钢和阎建宁，2000）。到 1944 年西部地区工业已趋衰退时，四川仍有工厂 5382 家，占国民党统治区工厂总数的 45%（戴鞍钢和阎建宁，2000）。

内迁的工厂初步改变了中国工业发展极不平衡的格局，给长江上游地区带来了先进的技术、设备、管理经验和技术人才，直接推动了该地区工业的发展，并带动了当地交通、社会服务等一大批相关产业的发展。短短的几年时间，长江上游地区便建立了从原料到加工的完备的重工业生产体系，形成了以重庆为中心的西部钢铁、机械、军工、化工、煤炭、水泥、水利水电基地（黄泽南，2001）。但内迁的工厂主要是重工业企业，导致产业布局极不平衡和严重畸形。

需要指出的是，1945 年抗日战争胜利后，迁至西部地区的许多工厂纷纷回迁，中国工业布局重新集聚在沿海通商口岸地区。

2. 大规模建设阶段（1949～1978 年）

20 世纪 50 年代初，国家将四川成都选定为全国重点建设的三个电子工业基地之一，并在成都陆续建设通信导航、地面雷达、电子元件、电子测量仪器、电子专用设备、电真空专用材料等骨干企业，如成都无线电厂（后更名国营新兴仪器厂）、成都通用无线电测量仪器厂（后更名国营前锋无线电仪器厂）、成都电子管厂（后更名国营红光电子管厂）等。同时，成都还兴建了一批大型工业企业，如成都量具刃具厂、四川化工厂等。

从 20 世纪 50 年代开始，重庆陆续新建了重庆机床厂、重庆电机厂、綦江齿轮厂等工业企业；扩建了重庆钢铁公司、重庆特殊钢厂等工业企业；此外，还扩建、新建了一批化工厂、磷肥厂、糖厂和纸厂，使重庆成为门类较多、配套较全的工业城市。

1964 年，国家开始大规模的三线建设。在长江上游地区建立冶金、能源、纺织、机械、轻工等门类较全的工业体系；建设了航天、航空、船舶、电子、核工业等大批重要项目和与之配套的建设项目；形成了一系列重要的原材料、能源和加工工业生产基地，并建成了一些新的工业中心，如以重庆为中心的常规兵器工业基地，以成都为中心的航空工业基地，以长江上游重庆至万县（今万州）为轴心的造船工业基地。攀枝花、重庆、成都、德阳、绵阳等相继成为钢铁、机械、电子、航空、轻纺、电力动力设备的工业中心。据不完全统计，三线建设期间四川省先后从一线迁来的工厂、企事业单位有 117 家（朱允卫，2013）。三线建设奠定了长江上游地区以重工、军工、中央企业、大中型国有企业为主的工业结构、企业组织结构和所有制结构特征，以及多数工业企业在特大中心城市的主城区、城区和沿铁路干线及沿江分布的布局特点。这为改革开放后长江上游地区工业产业集聚奠定了基础。

3. 调整与全面开发阶段（1978 年以后）

中共十一届三中全会之后，尤其自 1983 年以来，长江上游地区开始对三线建设实施调整改造，电子、机械、食品、冶金、建材、化工、纺织等行业得到全面发展，轻重比例失调问题得以缓解；部分选址不当、钻山太深的企业得到了关、停、并、迁的调整。调整改造工程的进行，使长江上游地区的工业生产布局进一步合理。1992 年，全国人民代表大会批准通过兴建三峡水利枢纽工程，为长江上游地区尤其是三峡库区建设提供了机遇。1997 年，重庆被国家列为直辖市。1999 年，中共中央召开经济工作会议，正式做出了实施西部大开发战略的重大决策。随即成立国务院西部地区开发领导小组，着手西部大开发的组织工作。2000 年 1 月，西部地区开发领导小组召开西部地区开发会议，把基础设施、生态保护、特色优势产业、科技教育等确定为发展重点，西部大开发正式启动。2002 年，经国务院同意，国家发展计划委员会（现更名为国家发展和改革委员会，简称国家发改委）、国务院西部地区开发领导小组办公室发布了《"十五"西部开发总体规划》，明确将长江上游经济带列为西部开发的重点区域。2006 年 6 月，国务院西部地区开发领导小组办公室会同国家发改委等 6 部委联合下发《关于促进西部地区特色优势产业发展的意见》，在重大项目布局、政府资金投入、加强金融服务、支持合理用地需要、推进东中西区域互动等方面，提出了一系列支持西部有条件地区加快发展优势产业和建设特色资源加工基地的政策措施。2006 年 12 月，国务院召开常务会议，审议并原则通过了《西部大开发"十一五"规划》，会议强调要发挥各地区比较优势，鼓励东部地区向中西部地区进行产业转移，在更大范围内实现资源优化配置，形成互惠互利格局，促进东中西部地区良性互动。2014 年 4 月，国务院总理李克强在重庆主持召开了长江 11 省市工作座谈会，研究依托黄金水道，建设长江经济带。2014 年 6 月，李克强主持召开国务院常务会议部署建设综合立体交通走廊打造长江经济带。2014 年 9 月 25 日，国务院发布《关于依托黄金水道推动长江经济带发展的指导意见》及《长江经济带综合立体交通走廊规划（2014-2020 年）》，正式提出将依托黄金水道推动长江经济带发展，打造中国经济新支撑带，这标志着"长江经济带"正式上升为国家战略。长江经济带涉及沪苏浙皖赣湘鄂云贵川渝 11 省市，面积 180 万 km²，占全国陆地总面积的 1/5 左右，人口和生产总值均超过全国的 40%。建设长江经济带，有助于构建沿海与中西部相互支撑、良性互动的新格局，通过改革开放和实施一批重大工程，让长三角、长江中游城市群和成渝经济区三个"板块"的产业和基础设施连接起来、要素流动起来、市场统一起来，促进产业有序转移衔接，从而为长江上游地区产业空间布局优化提供了新的契机。

2.2 长江上游地区产业结构特征及变化趋势

2.2.1 长江上游地区三次产业结构特征及变化趋势

表 2.1 显示，长江上游地区第一产业增加值占全国的比重由 1997 年的 12.78% 增长到 2014 年的 13.48%，增长了 0.70 个百分点；第二产业增加值占全国的比重由 1997 年的 7.87% 增长到 2014 年的 10.90%，增长了 3.03 个百分点，是三次产业中增长幅度最大的行业；第三产业增加值占全国的比重由 1997 年的 8.97% 下降到 2014 年的 8.95%，下降了 0.02 个百分点。

表 2.2 显示，重庆三次产业增加值比重 1997 年为 20.3% ：43.1% ：36.6%，2014 年 为 7.4% ：45.8% ：46.8%，自 2013 年 起 第 三 产 业增加值比重首次超过第二产业；四川三次产业增加值比重 1997 年为 27.2% ：39.1% ：33.7%，2014 年 为 12.4% ：49.0% ：38.6%；贵 州 三 次 产 业 增 加 值 比 重 1997 年 为 34.3% ：37.0% ：28.7%，2014 年 为 13.8% ：41.6%：44.6%，自 2007 年起第三产业增加值比重超过第二产业；云南三次产业增加值比重 1997 年为 23.8% ：45.6% ：30.6%，2014 年为 15.5% ：41.2% ：43.3%，自 2014 年起第三产业比重首次超过第二产业。这表明四川第二产业发展的速度较快，而贵州、云南、重庆第三产业的发展速度较快，三次产业结构得到进一步的优化。

表 2.1 长江上游地区三次产业结构的动态变化

年份	第一产业		第二产业		第三产业	
	增加值 /亿元	占全国比重 /%	增加值 /亿元	占全国比重 /%	增加值 /亿元	占全国比重 /%
1997	1 846.34	12.78	2 953.01	7.87	2 421.02	8.97
1998	1 881.49	12.70	3 143.94	8.06	2 724.29	8.91
1999	1 886.63	12.77	3 207.93	7.82	3 029.44	8.94
2000	1 933.24	12.94	3 414.24	7.49	3 376.44	8.72
2001	1 995.16	12.64	3 701.76	7.48	3 796.64	8.56
2002	2 110.09	12.76	4 101.81	7.61	4 243.83	8.50
2003	2 260.64	13.01	4 777.08	7.65	4 763.22	8.51

续表

年份	第一产业		第二产业		第三产业	
	增加值 /亿元	占全国比重 /%	增加值 /亿元	占全国比重 /%	增加值 /亿元	占全国比重 /%
2004	2 735.68	12.78	5 862.6	7.93	5 489.74	8.50
2005	2 975.17	13.27	6 884.28	7.86	6 435.16	8.59
2006	3 088.32	12.85	8 333.4	8.03	7 434.78	8.40
2007	3 798.12	13.27	10 180.5	8.09	8 916.53	8.01
2008	4 351.30	12.91	12 703.95	8.53	10 593.32	8.07
2009	4 465.28	12.68	14 219.79	9.02	12 078.65	8.16
2010	4 901.68	12.09	18 054.85	9.64	13 980.87	8.05
2011	6 001.26	12.64	22 546.82	10.23	17 120.93	8.34
2012	6 783.68	12.95	25 405.2	10.80	20 255.19	8.75
2013	7 264.97	12.76	27 489.10	11.01	24 098.43	9.19
2014	7 862.60	13.48	29 630.73	10.90	27 386.91	8.95

资料来源：根据历年《重庆统计年鉴》《四川统计年鉴》《贵州统计年鉴》《云南统计年鉴》《中国统计年鉴》数据计算

表 2.2　长江上游地区（四省市）三次产业结构的动态变化　（单位：%）

年份	重庆			四川			贵州			云南		
	第一产业	第二产业	第三产业	第一产业	第二产业	第三产业	第一产业	第二产业	第三产业	第一产业	第二产业	第三产业
1997	20.3	43.1	36.6	27.2	39.1	33.7	34.3	37.0	28.7	23.8	45.6	30.6
1998	18.8	42.2	39.0	26.3	38.1	35.6	31.5	38.7	29.8	22.8	46.2	31.0
1999	17.2	42.0	40.8	25.4	37.0	37.6	29.4	38.2	32.4	22.2	44.5	33.3
2000	15.9	42.4	41.7	24.1	36.5	39.4	27.3	39.0	33.7	22.3	43.1	34.6
2001	14.9	42.6	42.5	22.9	36.6	40.5	25.3	38.7	36	21.7	42.5	35.8
2002	14.2	42.9	42.9	22.2	36.7	41.1	23.7	40.1	36.2	21.1	42.6	36.3
2003	13.3	44.4	42.3	21.2	37.8	41.0	22.0	42.7	35.3	20.4	43.4	36.2
2004	14.1	45.4	40.5	21.6	39.1	39.3	20.3	40.6	39.1	20.4	44.4	35.2
2005	13.4	45.1	41.5	20.1	41.5	38.4	18.6	41.8	39.6	19.3	41.2	39.5
2006	9.9	47.9	42.2	18.4	43.4	38.2	17.2	43	39.8	18.7	42.8	38.5
2007	10.3	50.7	39.0	19.2	44.0	36.8	15.5	39.0	45.5	17.7	43.2	39.1
2008	9.9	52.8	37.3	17.6	46.2	36.2	15.1	38.5	46.4	17.9	43	39.1
2009	9.3	52.8	37.9	15.8	47.4	36.8	14.1	37.7	48.2	17.3	41.9	40.8

续表

年份	重庆			四川			贵州			云南		
	第一产业	第二产业	第三产业	第一产业	第二产业	第三产业	第一产业	第二产业	第三产业	第一产业	第二产业	第三产业
2010	8.6	55.0	36.4	14.4	50.5	35.1	13.6	39.1	47.3	15.4	44.6	40.0
2011	8.4	55.4	36.2	14.2	52.4	33.4	12.7	38.5	48.8	15.9	42.5	41.6
2012	8.2	52.4	39.4	13.8	51.7	34.5	13.0	39.1	47.9	16.0	42.9	41.1
2013	7.8	45.5	46.6	12.8	51.3	35.9	12.4	40.5	47.1	16.2	42.0	41.8
2014	7.4	45.8	46.8	12.4	49.0	38.6	13.8	41.6	44.6	15.5	41.2	43.3

资料来源：根据历年《重庆统计年鉴》《四川统计年鉴》《贵州统计年鉴》《云南统计年鉴》《中国统计年鉴》数据计算

注：受四舍五入的影响，表中数据稍有偏差

2.2.2 长江上游地区工业结构特征及变化趋势

自 1997 年以来，长江上游地区工业产值呈现出缓慢上升的态势，工业总产值份额呈现出先下降后缓慢上升的态势。表 2.3 显示，1997 年，长江上游地区工业总产值为 2530.74 亿元，占全国工业总产值的比重为 7.69%；2001 年，长江上游地区的工业总产值为 3014.44 亿元，占全国工业总产值的比重为 6.93%；2014 年，长江上游地区的工业总产值达到 24 067.64 亿元，占全国工业总产值的比重为 10.55%，比 1997 年增长了 2.86 个百分点，比 2001 年增长了 3.62 个百分点。值得注意的是，1997～2014 年，长江上游地区第二产业产值占全国的比重提高了 3.03 个百分点，这表明长江上游地区第二产业的发展主要是工业发展的贡献。

表 2.3 长江上游地区工业产值及其占全国的比重

年份	长江上游		重庆		四川		贵州		云南	
	产值/亿元	比重/%	产值/亿元	比重/%	产值/亿元	比重/%	产值/亿元	比重/%	产值/亿元	比重/%
1997	2 530.74	7.69	567.88	1.72	1 055.21	3.21	250.60	0.76	657.05	2.00
1998	2 629.94	7.72	574.41	1.69	1 076.35	3.16	273.16	0.80	705.55	2.07
1999	2 661.25	7.42	589.52	1.64	1 099.48	3.07	286.16	0.80	686.09	1.91
2000	2 807.17	7.01	633.98	1.58	1 154.46	2.88	314.73	0.79	704.00	1.76

续表

年份	长江上游		重庆		四川		贵州		云南	
	产值/亿元	比重/%	产值/亿元	比重/%	产值/亿元	比重/%	产值/亿元	比重/%	产值/亿元	比重/%
2001	3 014.44	6.93	695.44	1.60	1 253.19	2.88	335.00	0.77	730.81	1.68
2002	3 319.51	6.99	787.94	1.66	1 372.64	2.89	370.49	0.78	788.44	1.66
2003	3 877.44	7.06	933.75	1.70	1 604.49	2.92	457.12	0.83	882.08	1.61
2004	4 787.53	7.35	1 132.70	1.74	2 013.80	3.09	574.62	0.88	1 066.41	1.64
2005	5 703.81	7.38	1 293.81	1.68	2 527.08	3.27	714.24	0.92	1 168.68	1.51
2006	6 968.63	7.63	1 566.83	1.72	3 144.67	3.44	855.56	0.94	1 401.57	1.53
2007	8 591.07	7.78	2 004.51	1.81	3 921.41	3.55	978.86	0.89	1 686.29	1.53
2008	10 810.31	8.30	2 607.15	2.00	4 956.13	3.80	1 195.30	0.92	2 051.73	1.58
2009	11 936.48	8.83	2 917.40	2.16	5 678.24	4.20	1 252.67	0.93	2 088.17	1.54
2010	15 250.22	9.48	3 697.83	2.30	7 431.45	4.62	1 516.87	0.94	2 604.07	1.62
2011	19 005.01	10.09	4 690.46	2.49	9 491.05	5.04	1 829.20	0.97	2 994.30	1.59
2012	21 199.32	10.61	4 981.01	2.49	10 550.53	5.28	2 217.06	1.11	3 450.72	1.73
2013	22 557.82	10.71	4 632.15	2.20	11 471.57	5.44	2 686.52	1.28	3 767.58	1.79
2014	24 067.64	10.55	5 175.80	2.27	11 851.99	5.20	3 140.88	1.38	3 898.97	1.70

资料来源：根据历年《重庆统计年鉴》《四川统计年鉴》《贵州统计年鉴》《云南统计年鉴》《中国统计年鉴》数据计算

2.2.3　长江上游地区服务业结构特征及变化趋势

表 2.4 显示，长江上游地区交通运输、仓储和邮政业产值占全国的比重由 2005 年的 8.23% 增长到 2014 年的 10.06%，增长了 1.83 个百分点；批发和零售业产值占全国的比重由 2005 年的 8.28% 下降到 2014 年的 7.53%，下降了 0.75 个百分点；住宿和餐饮业产值占全国的比重由 2005 年的 9.56% 增长到 2014 年的 16.15%，增长了 6.59 个百分点；金融业产值占全国的比重由 2005 年的 7.47% 增长到 2014 年的 9.46%，增长了 1.99 个百分点；房地产业产值占全国的比重由 2005 年的 7.67% 下降到 2014 年的 6.23%，下降了 1.44 个百分点；其他服务业产值占全国的比重由 2005 年的 8.61% 增长到 2014 年的 9.42%，增长了 0.81 个百分点。以上分析表明，传统服务业

表 2.4 长江上游地区第三产业内部各行业产值及其占全国的比重

年份	交通运输、仓储和邮政业		批发和零售业		住宿和餐饮业		金融业		房地产业		其他服务业	
	产值/亿元	比重/%	产值/亿元	比重/%	产值/亿元	比重/%	产值/亿元	比重/%	产值/亿元	比重/%	产值/亿元	比重/%
2005	878.15	8.23	1 155.82	8.28	401.24	9.56	557.97	7.47	653.51	7.67	2 691.83	8.61
2006	1 021.39	8.38	1 310.31	7.93	462.82	9.66	633.29	6.36	750.02	7.23	3 106.46	8.56
2007	1 137.68	7.79	1 519.51	7.26	563.26	10.15	760.65	5.01	890.24	6.45	3 708.81	8.47
2008	1 279.61	7.82	1 832.54	7.00	673.70	10.18	1 009.58	5.51	922.13	6.26	4 325.34	8.29
2009	1 447.91	8.77	2 257.90	7.79	853.84	12.27	1 460.78	6.70	1 118.52	5.90	4 939.70	8.41
2010	1 636.88	8.72	2 693.26	7.50	991.60	12.86.	1 757.85	6.85	1 188.03	5.04	5 713.25	8.50
2011	1 903.14	8.72	3 314.86	7.58	1 231.54	14.38	2 326.31	7.58	1 399.51	4.97	6 945.57	8.76
2012	2 157.32	9.08	3 744.37	7.51	1 408.95	14.77	3 126.26	8.88	1 743.46	5.58	8 074.83	8.89
2013	2 381.08	9.15	4 201.21	7.46	1 583.73	15.48	3 777.28	9.17	1 957.38	5.44	9 229.27	8.94
2014	2 890.97	10.06	4 687.36	7.53	1 809.04	16.15	4 405.99	9.46	2 378.23	6.23	10 940.05	9.42

资料来源：根据历年《重庆统计年鉴》《四川统计年鉴》《贵州统计年鉴》《云南统计年鉴》《中国统计年鉴》数据计算

仍然是长江上游地区服务业的主体，但现代服务业（如金融业）也呈现出强劲发展态势。

2.3　长江上游地区产业空间布局现状及特征

由于获取长江上游四省市地级层面数据的困难性，如重庆市地级区域（区 / 县）共 38 个，获取这 38 个区 / 县制造业分行业数据非常困难。本节主要采用基于地理集中度的产业集聚指标，包括行业集中度、区位商来反映长江上游地区制造业空间布局现状及特征。行业集中度、区位商的具体计算公式如下。

行业集中度：

$$CR_n = (\sum_{j=1}^{n} X_{ij}) / (\sum_{j=1}^{N} X) \qquad (2.1)$$

式中，n 为选取的行业内最大规模的前 n 个地区的就业人数之和；N 为该行业所在地区的就业人数之和。

区位商：

$$LQ_{ij} = (X_{ij} / \sum_i X_{ij}) / (\sum_j X_{ij} / \sum_i \sum_j X_{ij}) \qquad (2.2)$$

式中，X_{ij} 为 i 产业在 j 地区的就业人数指标；$\sum_i X_{ij}$ 为 j 地区所有产业的就业人数指标；$\sum_j X_{ij}$ 为产业 i 在全国所有地区的就业人数指标；$\sum_i \sum_j X_{ij}$ 为全国所有地区所有产业的就业人数指标。一般认为，区位商越大，表明该地区该产业的集聚水平越高；区位商大于 1，表明该产业在该地区具有集聚特征和比较优势。

数据主要来源于 2010～2014 年《重庆统计年鉴》《四川统计年鉴》《云南统计年鉴》《贵州统计年鉴》及《中国工业统计年鉴》，统计范围为四省市全部国有和非国有规模以上工业企业。制造业的统计口径对应《国民经济行业分类与代码》（GB/T4754—2011），对 2010～2011 年的少数制造业名称不一致的数据进行了调整。

2.3.1 长江上游地区工业布局现状及特征

1. 基于行业集中度的长江上游地区工业布局现状及特征

表 2.5 显示了 2010～2014 年长江上游地区规模以上工业企业各行业的行业集中度情况。

第一，从总体的行业集中度水平来看：2010～2014 年，长江上游地区工业行业集中度水平较低，集聚特征不明显；比较而言，工业内部的采掘业，以及电、热、气、水生产和供应业的行业集中度水平相对较高，制造业的行业集中度水平相对较低。

第二，从分行业的行业集中度水平来看：①采掘业内部，2010～2014 年，长江上游地区行业集中度 CR_4 大于 0.1 的行业分别是非金属矿采选业、煤炭开采和洗选业、有色金属矿采选业；②制造业内部，2010～2014 年，长江上游地区行业集中度 CR_4 大于 0.1 的行业分别是烟草制品业，酒、饮料和精制茶制造业，医药制造业，交通运输设备制造业，有色金属冶炼和压延加工业，非金属矿物制品业；③电、热、气、水生产和供应业内部，2010～2014 年，长江上游地区行业集中度 CR_4 大于 0.1 的行业分别是燃气生产和供应业，电力、热力的生产和供应业。

第三，从行业集中度的波动水平来看，2010～2014 年，长江上游地区采掘业的行业集中度 CR_1、CR_2、CR_4 呈现下降态势；电、热、气、水生产和供应业，以及制造业的行业集中度 CR_1、CR_2、CR_4 呈现上升态势。总体上看，长江上游地区规模以上工业的行业集中度 CR_1、CR_2、CR_4 的波动性较小。

需要指出的是，除了烟草制造业之外，长江上游地区规模以上工业的行业集中度 CR_4 的值都低于 0.3，由此可知长江上游地区工业集聚水平较低，集聚特征不明显，仅烟草制造业具有一定的集聚特征。当然，由于行业集中度指标自身的缺陷，该指标只能作为辅助指标衡量长江上游地区产业的集聚程度或空间布局情况。

表 2.5　长江上游地区规模以上工业企业行业集中度

行业	2010 年			2011 年			2013 年			2014 年		
	CR₁	CR₂	CR₄	CR₁	CR₂	CR₄	CR₁	CR₂	CR₄	CR₁	CR₂	CR₄
采掘业	**0.06**	**0.10**	**0.15**	**0.06**	**0.10**	**0.15**	**0.05**	**0.09**	**0.14**	**0.05**	**0.09**	**0.14**
煤炭开采和洗选业	0.06	0.11	0.17	0.07	0.12	0.18	0.05	0.11	0.17	0.06	0.11	0.16
石油和天然气开采业	0.08	0.08	0.08	0.03	0.03	0.03	0.05	0.05	0.05	0.05	0.05	0.05
黑色金属矿采选业	0.05	0.08	0.10	0.05	0.08	0.10	0.05	0.08	0.10	0.05	0.08	0.09
有色金属矿采选业	0.07	0.13	0.14	0.07	0.13	0.14	0.08	0.14	0.15	0.07	0.13	0.14
非金属矿采选业	0.07	0.08	0.13	0.09	0.11	0.14	0.08	0.10	0.15	0.09	0.17	0.21
其他采矿业	0.11	0.11	0.11	0	0	0	0.07	0.07	0.07	0.07	0.07	0.07
制造业	**0.04**	**0.05**	**0.06**	**0.04**	**0.06**	**0.07**	**0.04**	**0.06**	**0.07**	**0.04**	**0.06**	**0.07**
农副食品加工业	0.06	0.07	0.09	0.07	0.08	0.10	0.05	0.07	0.09	0.05	0.06	0.08
食品制造业	0.05	0.06	0.07	0.05	0.06	0.07	0.05	0.06	0.08	0.05	0.06	0.08
酒、饮料和精制茶制造业	0.12	0.14	0.18	0.15	0.18	0.22	0.14	0.18	0.22	0.13	0.17	0.21
烟草制品业	0.16	0.22	0.29	0.15	0.22	0.27	0.19	0.24	0.29	0.21	0.25	0.30
纺织业	0.02	0.03	0.03	0.02	0.03	0.03	0.03	0.03	0.03	0.02	0.03	0.03
纺织服装、服饰业	0.01	0.01	0.01	0.01	0.01	0.01	0.01	0.01	0.01	0.01	0.01	0.01
皮革、毛皮、羽毛、绒毛及其制品和制鞋业	0.02	0.03	0.03	0.03	0.04	0.04	0.02	0.03	0.03	0.02	0.03	0.03
木材加工和木、竹、藤、棕、草制品业	0.03	0.04	0.05	0.03	0.04	0.05	0.03	0.04	0.06	0.03	0.04	0.06
家具制造业	0.05	0.06	0.06	0.08	0.09	0.09	0.07	0.08	0.09	0.08	0.09	0.09
造纸和纸制品业	0.04	0.05	0.07	0.05	0.06	0.07	0.04	0.05	0.07	0.04	0.05	0.07
印刷业和记录媒介复制业	0.03	0.04	0.06	0.04	0.06	0.07	0.04	0.06	0.07	0.04	0.06	0.07
文教、工美、体育和娱乐用品制造业	0.00	0.00	0.00	0.01	0.01	0.01	0.01	0.01	0.01	0.01	0.01	0.01
石油加工、炼焦和核燃料加工业	0.03	0.05	0.06	0.02	0.03	0.06	0.02	0.04	0.05	0.02	0.04	0.05
化学原料和化学制品制造业	0.05	0.07	0.09	0.05	0.07	0.10	0.05	0.07	0.09	0.04	0.06	0.09
医药制造业	0.06	0.07	0.10	0.07	0.08	0.11	0.06	0.08	0.11	0.06	0.08	0.11
化学纤维制造业	0.03	0.04	0.04	0.04	0.04	0.04	0.04	0.04	0.04	0.04	0.04	0.04
橡胶和塑料制品业	0.02	0.03	0.04	0.03	0.04	0.05	0.04	0.04	0.05	0.03	0.04	0.05
非金属矿物制品业	0.06	0.08	0.10	0.06	0.08	0.10	0.05	0.07	0.10	0.05	0.07	0.10
黑色金属冶炼和压延加工业	0.06	0.08	0.11	0.07	0.09	0.12	0.05	0.07	0.10	0.05	0.07	0.09

续表

行业	2010 年			2011 年			2013 年			2014 年		
	CR_1	CR_2	CR_4	CR_1	CR_2	CR_4	CR_1	CR_2	CR_4	CR_1	CR_2	CR_4
有色金属冶炼和压延加工业	0.06	0.09	0.12	0.06	0.09	0.12	0.06	0.08	0.11	0.05	0.07	0.10
金属制品业	0.02	0.03	0.04	0.03	0.05	0.05	0.03	0.04	0.05	0.03	0.04	0.05
通用设备制造业	0.03	0.04	0.05	0.03	0.04	0.05	0.03	0.05	0.06	0.03	0.05	0.05
专用设备制造业	0.04	0.05	0.06	0.04	0.05	0.06	0.04	0.04	0.06	0.04	0.05	0.05
交通运输设备制造业	0.07	0.10	0.11	0.07	0.10	0.11	0.07	0.10	0.11	0.06	0.10	0.11
电气机械和器材制造业	0.02	0.03	0.03	0.02	0.03	0.03	0.02	0.03	0.04	0.02	0.03	0.04
计算机、通信和其他电子设备制造业	0.02	0.03	0.03	0.03	0.04	0.05	0.03	0.04	0.05	0.03	0.04	0.05
仪器仪表制造业	0.02	0.03	0.03	0.02	0.03	0.03	0.02	0.03	0.04	0.02	0.03	0.04
其他制造业	0.01	0.02	0.02	0.01	0.02	0.03	0.04	0.07	0.07	0.05	0.07	0.07
废弃资源综合利用业	0.02	0.04	0.05	0.02	0.04	0.05	0.06	0.07	0.08	0.03	0.04	0.05
电、热、气、水生产和供应业	**0.05**	**0.07**	**0.11**	**0.06**	**0.10**	**0.14**	**0.07**	**0.11**	**0.15**	**0.07**	**0.10**	**0.15**
电力、热力的生产和供应业	0.05	0.08	0.11	0.05	0.08	0.11	0.07	0.10	0.15	0.07	0.11	0.15
燃气生产和供应业	0.10	0.14	0.16	0.10	0.14	0.17	0.09	0.13	0.16	0.09	0.12	0.16
水的生产和供应业	0.04	0.05	0.08	0.04	0.06	0.09	0.05	0.07	0.09	0.05	0.07	0.10

资料来源：根据历年《重庆统计年鉴》《四川统计年鉴》《贵州统计年鉴》《云南统计年鉴》《中国工业统计年鉴》就业人数计算

2. 基于区位商的长江上游地区工业布局现状及特征

表 2.6～表 2.10 显示了 2010～2014 年长江上游地区及各省市规模以上工业企业各行业的区位商情况。

第一，从总体的区位商水平来看。2010～2014 年，长江上游地区工业集聚水平较低，集聚特征不明显；但是，工业内部的采掘业，以及电、热、气、水生产和供应业具有明显的集聚特征和比较优势；制造业并没有表现出明显的集聚特征和比较优势。

第二，从分行业的区位商水平及空间布局来看。①采掘业内部，2010～2014 年，长江上游地区区位商大于 1 的行业及空间布局情况是：煤炭开采和洗选业，布局在贵州、云南、重庆和四川；黑色金属矿采选业，主要布局在云南和四川；有色金属矿采选业，主要布局在云南和四川；非金属矿采选业，布局在贵州、云南、四川和重庆；此外，石油和天然气开采业、其他采矿业在四川也具有集聚特征和比较优势。②制造业内部，2010～2014 年，长江上游地区区位商大于 1 的行业及空间布局情况是：农副食品加工业，主要布局在云南和四川；食品制造业，主要布局在四川和云南；酒、饮料和精制茶制造业，主要布局在四川、贵州和云南；烟草制品业，主要布局在云南、贵州和重庆；家具制造业，主要布局在四川；化学原料和化学制品制造业，主要布局在云南、贵州和四川；医药制造业，布局在贵州、四川、重庆和云南；非金属矿物制品业，布局在四川、重庆、贵州和云南；黑色金属冶炼和压延加工业，主要布局在云南、贵州和四川；有色金属冶炼和压延加工业，主要布局在贵州和云南；交通运输设备制造业，主要布局在重庆，尤其是汽车制造业在重庆甚至是全国都具有重要地位；此外，造纸和纸制品业在四川具有集聚特征和比较优势，印刷业和记录媒介复制业，石油加工、炼焦和核燃料加工业，木材加工和木、竹、藤、棕、草制品业在云南具有集聚特征和比较优势，仪器仪表制造业在重庆具有集聚特征和比较优势。需要指出的是，自 2014 年以来，重庆计算机、通信和其他电子设备制造业、贵州交通运输设备制造业和其他制造业、云南废弃资源综合利用业发展迅速，聚集程度迅速提高。③电、热、气、水生产和供应业内部，2010～2014 年，长江上游地区区位商大于 1 的行业及空间布局情况是：电力、热力的生产和供应业，主要布局在贵州、云南和四川；燃气生产和供应业，主要布局在四川、重庆和贵州；水的生产和供应业，主要布局在贵州、四川和云南。

第三，从区位商的波动性水平来看。2010～2014 年，长江上游地区采掘业的区位商呈现下降态势，电、热、气、水生产和供应业区位商的波动性较大，而制造业区位商的波动较小。重庆采掘业区位商呈现下降态势，制造业区位商呈现上升态势，电、热、气、水生产和供应业区位商呈现先上升后下降态势；四川采掘业区位商呈现下降态势，电、热、气、水生产和供应业的区位商呈现上升态势，制造业区位商呈现先上升后下降态势但波动性很小；贵州采掘业、制造业的区位商呈现先下降后上升态势，电、热、气、水生产和供应业的区位商呈现先上升后下降态势，制造业区位商的波动性很小；云南采掘业区位商呈现下降态势，制造业区位商呈现上升态势但波动性很小，电、热、气、水生产和供应业区位商呈现先上升后下降态势但波动性很小。

表 2.6　长江上游地区规模以上工业企业区位商

行业	2010 年	2011 年	2013 年	2014 年
采掘业	**2.15**	**1.93**	**1.82**	**1.80**
煤炭开采和洗选业	2.47	2.35	2.16	2.05
石油和天然气开采业	1.18	0.44	0.62	0.64
黑色金属矿采选业	1.46	1.23	1.25	1.16
有色金属矿采选业	2.06	1.84	1.95	1.86
非金属矿采选业	1.84	1.83	1.95	2.81
其他采矿业	1.58	0.00	0.97	0.97
制造业	**0.89**	**0.91**	**0.92**	**0.91**
农副食品加工业	1.26	1.29	1.15	1.07
食品制造业	1.06	1.01	1.04	1.05
酒、饮料和精制茶制造业	2.57	2.85	2.81	2.80
烟草制品业	4.13	3.58	3.85	3.96
纺织业	0.41	0.40	0.44	0.40
纺织服装、服饰业	0.17	0.19	0.18	0.17
皮革、毛皮、羽毛、绒毛及其制品和制鞋业	0.40	0.49	0.45	0.46
木材加工和木、竹、藤、棕、草制品业	0.64	0.71	0.73	0.78
家具制造业	0.80	1.18	1.13	1.16
造纸和纸制品业	0.93	0.91	0.89	0.86
印刷业和记录媒介复制业	0.90	0.98	0.90	0.89
文教、工美、体育和娱乐用品制造业	0.03	0.16	0.17	0.19
石油加工、炼焦和核燃料加工业	0.91	0.72	0.65	0.62
化学原料和化学制品制造业	1.33	1.30	1.19	1.14
医药制造业	1.46	1.46	1.42	1.43
化学纤维制造业	0.51	0.57	0.51	0.53
橡胶和塑料制品业	0.60	0.56	0.69	0.71

续表

行业	2010 年	2011 年	2013 年	2014 年
非金属矿物制品业	1.44	1.21	1.26	1.25
黑色金属冶炼和压延加工业	1.53	1.61	1.25	1.20
有色金属冶炼和压延加工业	1.72	1.73	1.45	1.30
金属制品业	0.58	0.82	0.64	0.65
通用设备制造业	0.77	0.67	0.72	0.71
专用设备制造业	0.84	0.76	0.72	0.70
交通运输设备制造业	1.59	1.35	1.47	1.45
电气机械和器材制造业	0.41	0.52	0.43	0.46
计算机、通信和其他电子设备制造业	0.40	0.54	0.69	0.72
仪器仪表制造业	0.48	0.47	0.49	0.52
其他制造业	0.29	0.35	0.96	0.90
废弃资源综合利用业	0.69	0.78	1.05	0.70
电、热、气、水生产和供应业	**1.56**	**1.83**	**1.05**	**1.90**
电力、热力的生产和供应业	1.58	1.90	2.00	1.97
燃气生产和供应业	2.30	2.18	2.14	2.07
水的生产和供应业	1.12	1.15	1.17	1.28

资料来源：根据历年《重庆统计年鉴》《四川统计年鉴》《贵州统计年鉴》《云南统计年鉴》《中国工业统计年鉴》就业人数计算

表 2.7　重庆市规模以上工业企业区位商

行业	2010 年	2011 年	2013 年	2014 年
采掘业	**1.58**	**1.39**	**1.23**	**1.17**
煤炭开采和洗选业	2.10	1.95	1.69	1.64
石油和天然气开采业	0.13	0.07	0.10	0.10
黑色金属矿采选业	0.95	0.45	0.43	0.35
有色金属矿采选业	0.24	0.19	0.10	0.10
非金属矿采选业	1.53	1.06	1.23	1.21
其他采矿业	0.00	0.00	0.00	0.00
制造业	**0.94**	**0.95**	**0.97**	**0.98**
农副食品加工业	0.88	0.81	0.88	0.88
食品制造业	0.80	0.72	0.68	0.76
酒、饮料和精制茶制造业	0.98	0.85	0.79	0.78

续表

行业	2010 年	2011 年	2013 年	2014 年
烟草制品业	1.70	1.69	1.22	1.12
纺织业	0.37	0.30	0.31	0.25
纺织服装、服饰业	0.24	0.34	0.31	0.30
皮革、毛皮、羽毛、绒毛及其制品和制鞋业	0.45	0.67	0.54	0.53
木材加工和木、竹、藤、棕、草制品业	0.24	0.22	0.30	0.39
家具制造业	0.44	0.55	0.61	0.55
造纸和纸制品业	0.73	0.70	0.82	0.82
印刷业和记录媒介复制业	0.82	0.95	0.87	1.01
文教、工美、体育和娱乐用品制造业	0.08	0.27	0.23	0.26
石油加工、炼焦和核燃料加工业	0.42	0.39	0.31	0.25
化学原料和化学制品制造业	1.13	1.09	0.97	0.91
医药制造业	1.23	1.17	1.22	1.27
化学纤维制造业	0.10	0.05	0.11	0.10
橡胶和塑料制品业	0.63	0.56	0.79	0.83
非金属矿物制品业	1.37	1.24	1.15	1.17
黑色金属冶炼和压延加工业	0.75	0.88	0.66	0.68
有色金属冶炼和压延加工业	0.98	0.89	0.82	0.84
金属制品业	0.60	0.96	0.81	0.86
通用设备制造业	0.93	0.80	0.80	0.82
专用设备制造业	0.95	0.49	0.54	0.59
交通运输设备制造业	4.43	4.16	4.03	3.78
电气机械和器材制造业	0.52	0.62	0.60	0.63
计算机、通信和其他电子设备制造业	0.24	0.46	0.96	1.03
仪器仪表制造业	1.35	1.13	1.39	1.30
其他制造业	0.25	0.85	2.06	0.89
废弃资源综合利用业	1.40	0.64	0.82	0.66
电、热、气、水生产和供应业	**1.09**	**1.23**	**1.05**	**1.00**
电力、热力的生产和供应业	0.98	1.16	1.05	0.90
燃气生产和供应业	2.60	2.58	2.37	2.09
水的生产和供应业	1.11	0.99	0.96	1.04

资料来源：根据历年《重庆统计年鉴》《中国工业统计年鉴》就业人数计算

表 2.8　四川省规模以上工业企业区位商

行业	2010 年	2011 年	2013 年	2014 年
采掘业	**1.76**	**1.50**	**1.32**	**1.30**
煤炭开采和洗选业	1.66	1.63	1.32	1.28
石油和天然气开采业	2.20	0.79	1.16	1.24
黑色金属矿采选业	1.39	1.23	1.27	1.26
有色金属矿采选业	2.01	1.58	1.62	1.59
非金属矿采选业	1.99	2.06	2.12	2.00
其他采矿业	3.02	0.00	1.88	1.98
制造业	**0.91**	**0.93**	**0.93**	**0.92**
农副食品加工业	1.57	1.63	1.35	1.23
食品制造业	1.26	1.17	1.23	1.29
酒、饮料和精制茶制造业	3.34	3.67	3.57	3.55
烟草制品业	1.23	0.66	0.68	0.67
纺织业	0.58	0.57	0.68	0.64
纺织服装、服饰业	0.20	0.20	0.17	0.17
皮革、毛皮、羽毛、绒毛及其制品和制鞋业	0.58	0.62	0.56	0.56
木材加工和木、竹、藤、棕、草制品业	0.69	0.75	0.72	0.78
家具制造业	1.30	1.92	1.88	2.01
造纸和纸制品业	1.15	1.12	1.07	1.02
印刷业和记录媒介复制业	0.88	0.98	1.02	1.03
文教、工美、体育和娱乐用品制造业	0.01	0.14	0.13	0.13
石油加工、炼焦和核燃料加工业	0.82	0.50	0.53	0.59
化学原料和化学制品制造业	1.32	1.23	1.17	1.15
医药制造业	1.57	1.61	1.53	1.51
化学纤维制造业	0.91	1.61	0.93	1.01
橡胶和塑料制品业	0.66	0.66	0.70	0.69
非金属矿物制品业	1.61	1.48	1.38	1.34
黑色金属冶炼和压延加工业	1.68	1.62	1.34	1.31
有色金属冶炼和压延加工业	0.78	0.69	0.58	0.56
金属制品业	0.66	0.76	0.68	0.70
通用设备制造业	0.93	0.79	0.92	0.92
专用设备制造业	1.02	0.99	1.00	0.99

续表

行业	2010 年	2011 年	2013 年	2014 年
交通运输设备制造业	0.86	0.79	0.90	0.86
电气机械和器材制造业	0.47	0.45	0.48	0.53
计算机、通信和其他电子设备制造业	0.62	0.77	0.89	0.92
仪器仪表制造业	0.22	0.23	0.21	0.24
其他制造业	0.26	0.23	0.75	0.86
废弃资源综合利用业	0.60	0.48	1.45	0.72
电、热、气、水生产和供应业	**1.32**	**1.33**	**1.76**	**1.86**
电力、热力的生产和供应业	1.28	1.29	1.78	1.88
燃气生产和供应业	2.61	2.32	2.38	2.32
水的生产和供应业	1.01	1.03	1.26	1.41

资料来源：根据历年《四川统计年鉴》《中国工业统计年鉴》就业人数计算

表 2.9 贵州省规模以上工业企业区位商

行业	2010 年	2011 年	2013 年	2014 年
采掘业	**4.16**	**3.68**	**4.13**	**4.34**
煤炭开采和洗选业	6.16	5.39	6.01	5.62
石油和天然气开采业	0.00	0.00	0.00	0.01
黑色金属矿采选业	0.64	0.64	0.72	0.78
有色金属矿采选业	0.67	0.73	0.68	0.67
非金属矿采选业	0.97	1.31	2.06	9.22
其他采矿业	0.00	0.00	0.00	0.00
制造业	**0.64**	**0.63**	**0.59**	**0.62**
农副食品加工业	0.38	0.38	0.44	0.43
食品制造业	0.58	0.62	0.58	0.55
酒、饮料和精制茶制造业	2.84	2.70	3.74	3.78
烟草制品业	6.76	6.76	5.70	4.23
纺织业	0.08	0.07	0.055	0.08
纺织服装、服饰业	0.07	0.09	0.06	0.01
皮革、毛皮、羽毛、绒毛及其制品和制鞋业	0.01	0.02	0.17	0.25
木材加工和木、竹、藤、棕、草制品业	0.70	0.95	1.22	1.10
家具制造业	0.06	0.10	0.18	0.20
造纸和纸制品业	0.26	0.33	0.36	0.39

续表

行业	2010 年	2011 年	2013 年	2014 年
印刷业和记录媒介复制业	0.43	0.40	0.27	0.09
文教、工美、体育和娱乐用品制造业	0.06	0.07	0.07	0.12
石油加工、炼焦和核燃料加工业	1.11	0.96	0.69	0.52
化学原料和化学制品制造业	1.41	1.34	1.28	1.20
医药制造业	1.67	1.45	1.61	1.76
化学纤维制造业	0.00	0.00	0.00	0.00
橡胶和塑料制品业	0.59	0.60	0.58	0.56
非金属矿物制品业	1.16	1.30	1.15	1.30
黑色金属冶炼和压延加工业	1.98	1.75	1.34	1.15
有色金属冶炼和压延加工业	2.13	1.89	1.80	1.02
金属制品业	0.47	0.46	0.49	0.50
通用设备制造业	0.25	0.29	0.22	0.28
专用设备制造业	0.31	0.29	0.24	0.24
交通运输设备制造业	0.99	0.94	0.78	1.22
电气机械和器材制造业	0.20	0.19	0.17	0.19
计算机、通信和其他电子设备制造业	0.14	0.10	0.04	0.15
仪器仪表制造业	0.28	0.20	0.25	0.22
其他制造业	0.43	0.33	0.31	1.52
废弃资源综合利用业	0.17	0.25	0.42	0.44
电、热、气、水生产和供应业	**2.37**	**3.76**	**3.69**	**3.09**
电力、热力的生产和供应业	2.52	4.19	4.16	3.46
燃气生产和供应业	1.87	1.72	1.83	1.70
水的生产和供应业	1.68	1.94	1.32	1.37

资料来源：根据历年《贵州统计年鉴》《中国工业统计年鉴》就业人数计算

表 2.10　云南省规模以上工业企业区位商

行业	2010 年	2011 年	2013 年	2014 年
采掘业	**2.77**	**2.57**	**2.64**	**2.31**
煤炭开采和洗选业	2.92	2.67	2.67	2.19
石油和天然气开采业	0.00	0.00	0.00	0.00
黑色金属矿采选业	3.20	3.00	2.95	2.74

续表

行业	2010 年	2011 年	2013 年	2014 年
有色金属矿采选业	6.36	6.54	7.38	7.35
非金属矿采选业	2.52	2.48	2.37	2.37
其他采矿业	0.00	0.00	0.00	0.00
制造业	**0.77**	**0.78**	**0.79**	**0.83**
农副食品加工业	1.45	1.42	1.41	1.51
食品制造业	1.11	1.09	1.36	1.30
酒、饮料和精制茶制造业	1.96	2.51	2.45	2.78
烟草制品业	16.72	15.18	18.32	21.47
纺织业	0.13	0.13	0.14	0.14
纺织服装、服饰业	0.03	0.02	0.07	0.09
皮革、毛皮、羽毛、绒毛及其制品和制鞋业	0.003	0.07	0.10	0.11
木材加工和木、竹、藤、棕、草制品业	1.03	0.97	1.03	1.19
家具制造业	0.08	0.06	0.07	0.13
造纸和纸制品业	1.00	0.88	0.84	0.87
印刷业和记录媒介复制业	1.50	1.51	1.08	1.06
文教、工美、体育和娱乐用品制造业	0.00	0.13	0.32	0.33
石油加工、炼焦和核燃料加工业	1.85	1.85	1.60	1.56
化学原料和化学制品制造业	1.62	1.78	1.54	1.54
医药制造业	1.25	1.16	1.16	1.18
化学纤维制造业	0.08	0.07	0.08	0.09
橡胶和塑料制品业	0.30	0.26	0.56	0.73
非金属矿物制品业	1.13	1.03	1.06	1.11
黑色金属冶炼和压延加工业	1.79	2.15	1.77	1.83
有色金属冶炼和压延加工业	6.12	5.84	5.40	5.30
金属制品业	0.31	0.39	0.34	0.35
通用设备制造业	0.32	0.27	0.30	0.28
专用设备制造业	0.49	0.46	0.40	0.32
交通运输设备制造业	0.34	0.30	0.26	0.25
电气机械和器材制造业	0.21	0.20	0.22	0.24
计算机、通信和其他电子设备制造业	0.03	0.03	0.05	0.07
仪器仪表制造业	0.31	0.22	0.25	0.51

续表

行业	2010 年	2011 年	2013 年	2014 年
其他制造业	0.37	0.17	0.50	0.51
废弃资源综合利用业	0.30	0.26	0.53	1.07
电、热、气、水生产和供应业	**2.50**	**2.67**	**2.36**	**2.59**
电力、热力的生产和供应业	2.83	3.03	2.63	2.88
燃气生产和供应业	1.03	1.22	1.15	1.60
水的生产和供应业	1.05	0.97	1.08	1.22

资料来源：根据历年《云南统计年鉴》《中国工业统计年鉴》就业人数计算

　　综上所述，2010～2014 年，长江上游地区工业的集聚特征不明显，但工业内部的采掘业，以及电、热、气、水生产和供应业具有集聚特征和比较优势；尽管长江上游地区的制造业并没有表现出明显的集聚特征和比较优势，但部分资源密集型、劳动密集型、资本密集型和技术密集型制造业表现出集聚特征和比较优势。例如，重庆主要集聚交通运输设备制造业，医药制造业，仪器仪表制造业，计算机、通信和其他电子设备制造业等资本密集型、技术密集型制造产业；四川主要集聚酒、饮料和精制茶制造业，家具制造业，医药制造业，食品制造业，农副食品加工业，化学原料和化学制品制造业，黑色金属冶炼和压延加工业等资源密集型和资本密集型制造产业；贵州主要集聚酒、饮料和精制茶制造业，烟草制品业，医药制造业，非金属矿物制品业，化学原料和化学制品制造业，黑色金属冶炼和压延加工业，有色金属冶炼和压延加工业等资源密集型和资本密集型制造产业；云南主要集聚烟草制品业，有色金属冶炼和压延加工业，石油加工、炼焦和核燃料加工业，酒、饮料和精制茶制造业，黑色金属冶炼和压延加工业，化学原料和化学制品制造业，农副食品加工制造业，食品制造业，医药制造业，木材加工和木、竹、藤、棕、草制品业，非金属矿物制品业，印刷业和记录媒介复制业等资源密集型和资本密集型制造产业。

2.3.2　长江上游地区服务业布局现状及特征

表 2.11～表 2.15 显示了长江上游地区及各省市服务业各行业的区位商情况。

第一，从总体的区位商水平来看：2010～2014 年，长江上游地区住宿和餐饮业显现出集聚特征，在全国具有一定的比较优势；交通运输、仓储和邮政业，批发和零售业，金融业，房地产业和其他服务业并没有表现出明显的集聚特征，在全国不具有比较优势。

第二，分行业的区位商及空间布局来看：2010～2014 年，重庆交通运输、仓储和邮政业，金融业的区位商大于 1，即这 2 个行业具有聚集特征和比较优势，自 2013 年以来重庆住宿和餐饮业表现出集聚特征和比较优势；四川住宿和餐饮业的区位商大于 1，即该行业具有集聚特征和比较优势；贵州交通运输、仓储和邮政业，住宿和餐饮业的区位商大于 1，即这 2 个行业具有集聚特征和比较优势；云南住宿和餐饮业、其他服务业的区位商大于 1，即这 2 个行业具有集聚特征和比较优势。

第三，从区位商的波动水平来看：总体来说，2010～2014 年，长江上游地区交通运输、仓储和邮政业，住宿和餐饮业，金融业和房地产业的区位商呈现上升趋势，批发和零售业、其他服务业的区位商呈现下降态势，即交通运输、仓储和邮政业，住宿和餐饮业，金融业，房地产业的集聚程度在提高，而批发和零售业、其他服务业的集聚程度在下降。

表 2.11　长江上游地区服务业区位商

行业	2010 年	2011 年	2012 年	2013 年	2014 年
交通运输、仓储和邮政业	0.97	0.92	0.92	0.91	0.99
批发和零售业	0.83	0.80	0.77	0.74	0.74
住宿和餐饮业	1.42	1.53	1.50	1.54	1.58
金融业	0.76	0.80	0.90	0.91	0.93
房地产业	0.56	0.53	0.57	0.54	0.61

续表

行业	2010 年	2011 年	2012 年	2013 年	2014 年
其他服务业	0.94	0.93	0.91	0.89	0.92

资料来源：根据历年《中国统计年鉴》就业人数计算

表 2.12　重庆市服务业区位商

行业	2010 年	2011 年	2012 年	2013 年	2014 年
交通运输、仓储和邮政业	1.07	1.01	1.02	1.03	1.10
批发和零售业	0.90	0.83	0.80	0.80	0.88
住宿和餐饮业	0.95	0.94	0.93	1.03	1.28
金融业	1.00	1.11	1.22	1.19	1.17
房地产业	0.58	0.68	0.93	0.93	0.95
其他服务业	0.74	0.70	0.72	0.73	0.91

资料来源：根据历年《中国统计年鉴》就业人数计算

表 2.13　四川省服务业区位商

行业	2010 年	2011 年	2012 年	2013 年	2014 年
交通运输、仓储和邮政业	0.73	0.67	0.67	0.64	0.83
批发和零售业	0.67	0.62	0.60	0.58	0.57
住宿和餐饮业	1.48	1.51	1.46	1.49	1.50
金融业	0.61	0.65	0.83	0.86	0.88
房地产业	0.56	0.51	0.50	0.47	0.62
其他服务业	0.97	0.91	0.88	0.86	0.88

资料来源：根据历年《中国统计年鉴》就业人数计算

表 2.14　贵州省服务业区位商

行业	2010 年	2011 年	2012 年	2013 年	2014 年
交通运输、仓储和邮政业	2.27	2.30	2.26	2.16	1.98
批发和零售业	0.91	0.87	0.80	0.75	0.69
住宿和餐饮业	2.08	2.22	2.18	2.10	1.98
金融业	0.80	0.82	0.81	0.77	0.72
房地产业	0.53	0.48	0.44	0.41	0.40
其他服务业	1.03	1.14	1.09	1.02	0.95

资料来源：根据历年《中国统计年鉴》就业人数计算

表 2.15   云南省服务业区位商

行业	2010 年	2011 年	2012 年	2013 年	2014 年
交通运输、仓储和邮政业	0.58	0.54	0.54	0.52	0.50
批发和零售业	1.08	1.16	1.08	1.03	0.99
住宿和餐饮业	1.40	1.77	1.80	1.81	1.83
金融业	0.83	0.81	0.80	0.84	0.92
房地产业	0.54	0.43	0.40	0.36	0.36
其他服务业	1.03	1.10	1.05	1.03	1.03

资料来源：根据历年《中国统计年鉴》就业人数计算

2.4   长江上游地区产业转移与承接现状及特征

产业转移与承接是实现产业空间优化的重要途径。长江上游地区通过承接东部地区的产业转移，不仅导致了该地区产业结构和产业空间结构的变迁，而且两者之间的良性互动和协同发展，促进了该地区产业空间结构的优化。

对长江上游地区国际产业转移情况的衡量，采用该地区实际利用外资情况来反映。对长江上游地区国内产业转移情况的衡量，采用如下两种方法：一是该地区实际利用国内省外资金情况；二是借鉴冯根福等（2010）的研究成果，选取 2002 年、2005 年、2008 年、2011 年、2015 年 5 个时间的截面数据，计算东部五省市（北京、上海、广东、江苏和浙江）[①]和长江上游四省市（重庆、四川、云南和贵州）27 个第二产业部门和 5 个第三产业部门的区域间产业转移情况。考虑数据的可获得性，对于规模以上工业行业，计算了各地区各产业销售产值占全国此产业销售产值的比重；对于第三产业，计算了各地区各产业的增加值占全国此产业增加值的比重；并比较不同时期的比重以反映该产业的相对转移方

[①] 统计数据分析显示，近年来长江上游地区（如重庆、四川）承接国内产业转移规模居前五位的东部省市是广东、北京、浙江、上海、江苏。

向和大小。总体上看，长江上游地区产业转移与承接具有以下几个明显的特征。

1. 产业转移呈现以内资为主、国际资本为辅的格局

长江上游地区产业转移与承接呈现出以内资为主、国际资本为辅的格局；重庆和四川在国际和国内两方面承接产业转移都具有明显的优势。由表 2.16 可知，2014 年长江上游四省市在承接产业转移中实际利用国内省外资金 27 670.3 亿元，实际利用外资 261.15 亿美元。其中，重庆、四川两省市实际利用国内省外资金分别为 7246.9 亿元和 8798.5 亿元，分别占长江上游地区实际利用国内省外资金总额的 26.19% 和 31.79%；重庆、四川两省市实际利用外资分别为 106.29 亿美元和 106.50 亿美元，分别占长江上游地区实际利用外资总额的 40.70% 和 40.78%。

表 2.16　长江上游地区承接产业转移情况

| 年份 | 重庆 | | 四川 | | 贵州 | | 云南 | | 长江上游地区 | |
	国际/亿美元	国内/亿元	国际/亿美元	国内/亿元	国际/亿美元	国内/亿元	国际/亿美元	国内/亿元	国际/亿美元	国内/亿元
2005	7.04	205.9	11.02	716.2	1.96	232.5	1.89	262	21.91	1 416.6
2006	8.77	298.3	14.74	1 096.4	1.84	286	4.29	375	29.64	2 055.7
2007	12.20	430.0	20.11	1 972.8	1.53	401	5.52	533	39.36	3 336.8
2008	28.57	842.8	33.42	2 998.2	1.74	510	9.36	772	73.09	5 123
2009	41.92	1 468.0	41.29	4 063.7	1.80	596.1	9.10	1 019	94.11	7 146.8
2010	63.70	2 638.3	70.13	5 336.4	3.40	992	13.29	1 300	150.52	10 266.7
2011	105.79	4 919.8	110.27	4 536.2	7.17	2 580	17.38	1 790	240.61	13 826
2012	105.77	5 914.6	105.51	7 795.3	10.98	3 857	21.89	2 560.1	244.15	20 127
2013	105.97	6 007.2	105.75	8 697.5	15.74	5 017	25.15	3 968	252.61	23 689.7
2014	106.29	7 246.9	106.5	8 798.5	21.30	6 271	27.06	5 353.9	261.15	27 670.3

资料来源：历年《重庆统计年鉴》《四川统计年鉴》《贵州统计年鉴》《云南统计年鉴》，以及重庆、四川、贵州、云南四省市国民经济和社会发展统计公报

2. 承接的国内产业转移以东部产业为主

目前长江上游地区承接的国内产业转移以长三角、珠三角和京津冀等东部地区产业为主。以重庆市为例，表 2.17 显示，2014 年重庆市实际利用国内省外资金 72 468 937 万元，其中东部地区资金占 66.12%，中部地区资金占 9.33%，西部地区资金占 24.56%。东部产业成为重庆市重要的承接产业。进一步分析发现，重庆市承接的东部产业转移规模居前五位是广东、北京、浙江、上海和江苏。2013 年重庆市承接区际产业转移规模居前六位的省市分别是北京、广东、四川、浙江、上海、江苏，占全市实际利用国内省外资金总量的 72.42%；2014 年重庆市承接区际产业转移规模居前六位的省市分别是四川、广东、北京、浙江、上海、江苏，占全市实际利用国内省外资金总量的 68.76%。这表明重庆市对承接东部省市产业转移的承接力度较大。由于曾经的行政关系和相邻的地理关系，重庆市对四川省产业的承接力度较大。

表 2.17 重庆市实际利用国内省外资金情况（按区域划分）

年份	总计	东部		中部		西部	
		总额 / 万元	比重 /%	总额 / 万元	比重 /%	总额 / 万元	比重 /%
2005	2 058 990	1 480 168	71.89	146 817	7.13	432 005	20.98
2006	2 982 509	2 408 160	80.74	140 849	4.72	433 500	14.53
2007	4 300 287	3 284 574	76.38	274 940	6.39	740 773	17.23
2008	8 428 422	6 608 697	78.41	549 696	6.52	1 270 029	15.07
2009	14 680 196	11 432 656	77.88	1 017 089	6.93	2 230 451	15.19
2010	26 382 949	20 152 791	76.39	2 075 639	7.87	4 154 519	15.75
2011	49 198 400	34 891 428	70.92	4 993 544	10.15	9 313 428	18.93
2012	59 146 368	39 987 932	67.61	5 689 892	9.62	13 468 544	22.77
2013	60 071 981	41 347 326	68.83	5 886 121	9.80	12 838 534	21.37
2014	72 468 937	47 912 908	66.12	6 760 518	9.33	17 795 511	24.56

资料来源：历年《重庆统计年鉴》

注：受四舍五入的影响，表中数据稍有偏差

3. 承接的产业转移集中在第二、第三产业，以制造业和房地产业为主体

以重庆市为例，表 2.18 和表 2.19 显示，2014 年重庆市第一产业实际利用国内省外资金 3 399 354 万元，占实际利用国内省外资金总额的 4.69%；实际利用外商直接投资 177 万美元，占实际利用外商直接投资总额的 0.04%。第二产业实际利用国内省外资金 29 803 838 万元，占实际利用国内省外资金总额的 41.13%；实际利用外商直接投资 75 981 万美元，占实际利用外商直接投资总额的 17.95%。第三产业实际利用国内省外资金 39 265 745 万元，占实际利用国内省外资金总额的 54.18%；实际利用外商直接投资 347 190 万美元，占实际利用外商直接投资总额的 82.01%。其中，制造业和房地产业实际利用国内省外资金总额分别占 32.03% 和 34.25%，工业和房地产业实际利用外商直接投资分别占 17.71% 和 46.56%。

从云南省分行业实际利用外商直接投资情况来看（表 2.20），2014 年云南省实际利用外商直接投资额排前三位的产业分别是房地产业、制造业和社会服务业，三个产业实际利用外商直接投资金额分别为 9.46 亿美元、7.84 亿美元和 5.22 亿美元。同时，自 2008 年以来，云南省房地产业实际利用外商直接投资金额大幅增加，实际利用外商直接投资金额升至前两位。

以上分析在一定程度上表明，长江上游地区承接的产业转移集中在第二、第三产业，工业（尤其是制造业）和房地产业成为承接产业转移的主体。因此，从这个意义上讲，长江上游地区的产业转移问题，实际上是东部沿海地区和发达国家及地区以制造业为主体的工业梯度转移问题。产业的承接对长江上游地区产业结构的影响较大。

表 2.18 重庆市实际利用国内省外资金情况（按产业划分）

年份	第一产业		第二产业		制造业		第三产业		房地产业	
	总额/万元	比重/%	总额/万元	比重/%	总额/万元	比重/%	总额/万元	比重/%	总额/万元	比重/%
2005	38 813	1.89	949 952	46.14	—	—	1 070 225	51.98	—	—
2006	30 800	1.03	1 262 178	42.32	706 862	23.70	1 689 531	56.65	1 392 949	46.70
2007	39 961	0.93	2 232 621	51.92	1 577 559	36.69	2 027 705	47.15	1 537 481	35.75
2008	90 772	1.08	4 077 438	48.38	2 932 270	34.79	4 260 212	50.55	3 056 415	36.26
2009	334 215	2.28	7 069 998	48.16	4 755 830	32.40	7 275 983	49.56	5 314 916	36.20
2010	730 882	2.77	11 385 667	43.16	7 699 978	29.19	14 266 400	54.07	9 838 473	37.29
2011	1 598 697	3.25	22 073 414	44.87	16 386 211	33.31	25 526 289	51.88	14 711 594	29.90
2012	2 283 784	3.86	27 139 587	45.89	20 424 309	34.53	29 722 997	50.25	17 504 268	29.59
2013	2 409 618	4.01	23 814 257	39.64	17 429 410	29.01	33 848 106	56.35	19 605 803	32.64
2014	3 399 354	4.69	29 803 838	41.13	23 208 818	32.03	39 265 745	54.18	24 823 906	34.25

资料来源：历年《重庆统计年鉴》
注：受四舍五入的影响，表中数据稍有偏差

表 2.19　重庆市实际利用外商直接投资情况

年份	第一产业		第二产业		工业		第三产业		房地产业	
	总额/万美元	比重/%	总额/万美元	比重/%	总额/万美元	比重/%	总额/万美元	比重/%	总额/万美元	比重/%
2005	175	0.34	15 698	30.44	15 377	29.81	35 702	69.22	31 298	60.68
2006	456	0.68	31 043	46.19	30 710	45.70	35 702	53.13	23 262	34.62
2007	624	0.68	33 581	30.94	33 081	30.48	74 329	68.48	63 358	58.38
2008	1 515	0.56	87 216	31.96	86 863	31.83	184 182	67.49	168 349	61.69
2009	1 001	0.25	147 233	36.66	143 324	35.68	253 409	63.09	144 357	35.94
2010	827	0.13	190 635	30.05	189 349	29.85	442 935	69.82	239 887	37.81
2011	2 938	0.28	356 204	33.83	352 543	33.48	693 806	65.89	306 675	29.13
2012	870	0.83	517 769	49.15	517 765	49.15	534 708	50.76	267 009	25.35
2013	240	0.06	96 655	23.33	96 639	23.32	317 458	76.62	200 308	48.34
2014	177	0.04	75 981	17.95	74 973	17.71	347 190	82.01	197 119	46.56

资料来源：历年《重庆统计年鉴》

注：受四舍五入的影响，表中数据稍有偏差

表 2.20　2005～2014 年云南省分行业实际利用外商直接投资情况

行业	2005/亿美元	2006/亿美元	2007/亿美元	2008/亿美元	2009/亿美元	2010/亿美元	2011/亿美元	2012/亿美元	2013/亿美元	2014/亿美元
农、林、牧、渔业	0.0588	0.0847	0.0972	0.7226	0.5237	0.1657	1.47	0.53	0.26	0.21
采矿业	0.2228	0.3363	0.2299	0.3023	0.0929	0.7954	0.45	0.94	0.64	0.49
制造业	0.6344	0.8302	1.1977	1.8089	2.4944	2.5942	2.6	2.72	5.73	7.84
电力、煤气及水的生产和供应业	0.11	1.0106	1.008	0.5829	1.3245	1.5861	2.36	1.44	2.39	1.63
建筑业	0.0175	0.0009	0	0.0643	1.1151	2.9555	2.75	1.95	0.99	0.92
地质勘查、水利管理业	0.00	0.00	0.00	0.00	0.00	0.00	0.00	0.00	0.00	0.00
交通运输、仓储及邮电通信业	0.00	0.05	0.0035	0.0356	0.1834	0.00	0.04	0.01	0.00	0.00
批发和零售贸易餐饮业	0.2486	0.0711	0.3206	0.5928	0.9758	1.6807	2.18	3.47	2.17	1.29
房地产业	0.1211	0.0845	0.5111	1.9666	1.0496	1.0952	2.94	6.58	9.52	9.46
社会服务业	0.3012	0.4647	0.4283	1.5338	1.2562	2.225	2.13	4.27	3.44	5.22
卫生体育和社会福利业	0.00	0.00	0.00	0.00	0.00	0.00	0.00	0.00	0.00	0.00
教育、文化艺术和广播电影电视业	0.00	0.00	0.00	0.00	0.00	0.00	0.00	0.00	0.00	0.00

续表

行业	2005/亿美元	2006/亿美元	2007/亿美元	2008/亿美元	2009/亿美元	2010/亿美元	2011/亿美元	2012/亿美元	2013/亿美元	2014/亿美元
科学研究和综合技术服务业	0.0208	0.0904	0.149	0.159	0.0854	0.1924	0.47	0.00	0.00	0.00
其他行业	0.00	0.00	0.00	0.00	0.00	0.00	0.00	0.00	0.00	0.00

资料来源：历年《云南统计年鉴》

注：其对相关行业和数据进行了合并，因此部分行业名称与其他省不同

4. 承接产业以资源密集型和劳动密集型产业为主，承接产业的层次较低

由表 2.21 可以看出，2002～2005 年、2005～2008 年、2008～2011 年、2011～2015 年四个时期中，东部五省市的农副食品加工制造业，食品制造业，饮料制造业，纺织业，石油加工、炼焦和核燃料加工业，化学原料和化学制品制造业，非金属矿物制品业，金属制品业，专用设备制造业，医药制造业的销售产值比重在四个时期均出现了明显的下降趋势，即这 10 个产业存在向中西部地区转移趋势；同时，纺织服装、鞋、帽制造业，有色金属冶炼和压延加工业，交通运输设备制造业，电气机械及器材制造业，计算机、通信和其他电子设备制造业，仪器仪表及文化、办公用机械制造业的销售产值比重，以及批发和零售业、金融业、房地产业的增加值比重在 2005～2008 年、2008～2011 年、2011～2015 年三个时期也出现了较明显的下降趋势，即这些产业也存在向中西部地区转移趋势。

由表 2.22 可以看出，2002～2005 年、2005～2008 年、2008～2011 年、2011～2015 年四个时期中，长江上游四省市的煤炭开采和洗选业，石油和天然气开采业，食品制造业，饮料制造业，石油加工、炼焦和核燃料加工业，电气机械及器材制造业的销售产值比重在四个时期出现了明显的上升趋势，即这 6 个产业在四个时期具有承接产业转移的趋势；同时，非金属矿采选业，造纸及纸制品业，化学纤维制造业，非金属矿物制品

业，金属制品业，计算机、通信和其他电子设备制造业的销售产值比重在 2005～2008 年、2008～2011 年、2011～2015 年三个时期也出现了上升趋势，即这 6 个产业在此三个时期具有承接产业转移的趋势；此外，纺织业、通用设备制造业在 2002～2005 年、2005～2008 年、2008～2011 年三个时期出现了上升趋势，即这 2 个产业在此三个时期具有承接产业转移的趋势。

总体上看，长江上游地区承接东部地区产业转移的规模不大，其中的原因可能有以下几点：第一，我国绝大多数的产业转移都是由政府推动的，地方政府之间的利益竞争导致东部地区政府限制当地产业外移。东部地方政府出于担心大量建设资金外流、税源流失、财政收入减少和产业"空心化"造成经济增长乏力等因素考虑，往往会阻止产业外移。第二，长江上游地区未能创造该地区产业集聚的有效条件。经济欠发达地区承接产业转移的最重要方式就是产业集聚，长江上游地区的产业集群不发达，基础设施薄弱，中介服务机构缺失，产业配套体系不完整，这会增加单个转移企业的交易成本，降低企业的生产效率，从而无法有效地承接东部地区的产业转移。第三，长江上游地区的劳动力成本相对更低，较低的工资水平不易于吸引熟练工人返乡就业。

以上分析也显示，长江上游地区所承接的东部地区产业转移以资源密集型和劳动密集型产业为主，同时涉及技术要求不高的资本密集型产业，而技术密集型产业的承接水平很低，承接产业的层次较低。尽管长江上游地区通过承接基于初级生产要素的低端产业，可以将区域生产要素优势与产业转入相结合，但同时也使得这些地区陷入低级生产要素与低端产业相结合的产业分工格局，转入地区的产业发展被锁定在低端环节，阻碍了技术的有效扩散；同时，部分地区产业转移环境门槛低，导致一些"高投入、高消耗和高污染"的"三高"产业或企业转移至长江上游地区，影响该地区经济增长方式向集约型转变；此外，部分转移企业对承接地企业的带动作用不强，许多转移企业与本地企业的关联性不强，甚至对本地企业产生挤出效应。

表 2.21 2002～2015 年东部五省市产业比重及变化情况 （单位：%）

行业	2002 年	2005 年	2008 年	2011 年	2015 年	趋势
煤炭开采和洗选业	6.95	4.59	3.48	3.53	1.10	-、-、+、-
石油和天然气开采业	9.21	8.74	9.89	7.89	7.35	-、+、-、-
黑色金属矿采选业	9.83	8.70	5.82	6.79	3.74	-、-、+、-
有色金属矿采选业	5.32	4.45	4.60	4.22	1.61	-、+、-、-
非金属矿采选业	—	19.91	20.02	15.37	14.58	+、-、-
农副食品加工业	25.60	20.02	17.46	14.21	14.17	-、-、-↓
食品制造业	35.10	29.74	23.97	20.72	18.81	-、-、-↓
饮料制造业	34.89	31.24	25.40	20.83	16.66	-、-、-↓
烟草制品业	22.98	24.91	25.22	27.60	27.40	+、+、+、-
纺织业	59.94	59.12	53.87	46.17	39.64	-、-、-↓
纺织服装、鞋、帽制造业	—	68.47	62.77	54.32	50.20	-、-、-
造纸及纸制品业	45.79	43.23	43.72	36.29	35.47	-、+、-、-
石油加工、炼焦和核燃料加工业	32.75	30.89	26.83	25.82	22.02	-、-、-↓
化学原料和化学制品制造业	46.65	44.94	42.91	39.67	36.76	-、-、-↓
医药制造业	38.08	36.15	31.91	29.92	28.51	-、-、-↓
化学纤维制造业	60.76	72.48	75.89	76.80	70.99	+、+、+、-
非金属矿物制品业	36.61	33.39	28.13	22.75	20.71	-、-、-↓
黑色金属冶炼和压延加工业	30.69	29.24	26.43	23.37	24.19	-、-、-、+
有色金属冶炼和压延加工业	30.50	32.05	28.20	22.72	21.58	+、-、-、-
金属制品业	64.61	63.38	58.30	49.05	40.63	-、-、-↓
通用设备制造业	54.67	53.93	47.41	38.47	40.93	-、-、-、+
专用设备制造业	42.74	41.53	37.80	33.44	31.54	-、-、-↓
交通运输设备制造业	39.09	40.48	40.11	38.94	36.49	+、-、-、-
电气机械及器材制造业	63.38	63.93	61.60	57.87	53.03	+、-、-、-
计算机、通信和其他电子设备制造业	71.38	79.02	78.91	73.32	63.79	+、-、-、-
仪器仪表及文化、办公用机械制造业	75.01	76.99	71.97	69.83	63.73	+、-、-、-
电力、燃气及水的生产和供应业	32.01	37.87	37.30	34.03	36.13	+、-、-、+
交通运输、仓储和邮政业	44.06	29.83	28.78	31.66	85.74	-、-、+、+
批发和零售业	—	50.19	40.82	44.87	14.17	-、-、-
住宿和餐饮业	—	32.92	34.43	36.62	36.22	+、+、-
金融业	48.09	54.26	53.43	51.04	38.39	+、-、-、-

续表

行业	2002 年	2005 年	2008 年	2011 年	2015 年	趋势
房地产业	41.58	48.70	39.84	36.74	34.77	+、-、-、-

　　注：①根据《中国工业统计年鉴》《中国统计年鉴》数据计算；②制造业的统计口径对应《国民经济行业分类与代码》（GB/T4754—2002）；③趋势分析中的时期分别是 2002～2005 年、2005～2008 年、2008～2011 年、2011～2015 年，+、- 表示该时期比重升高或减少，↑、↓ 分别表示四个时期比重同时出现上升或下降趋势；④工业行业采用销售产值计算，第三产业采用增加值计算；⑤东部五省市包括北京、上海、广东、浙江和江苏

表 2.22　2002～2015 年长江上游地区产业比重及变化情况　（单位：%）

行业	2002 年	2005 年	2008 年	2011 年	2015 年	趋势
煤炭开采和洗选业	5.63	6.47	9.19	10.69	14.75	+、+、+、+ ↑
石油和天然气开采业	2.72	2.99	4.92	4.89	7.48	+、+、+、+ ↑
黑色金属矿采选业	6.73	6.27	7.93	7.21	9.94	-、+、-、+
有色金属矿采选业	7.93	7.32	9.47	9.07	8.31	-、+、-、-
非金属矿采选业	—	7.25	10.49	13.91	14.50	+、+、+、+
农副食品加工业	5.52	6.65	7.08	7.35	6.88	+、+、+、-
食品制造业	3.45	4.24	5.27	6.73	7.14	+、+、+、+ ↑
饮料制造业	14.52	15.14	16.52	20.20	21.93	+、+、+、+ ↑
烟草制品业	33.53	29.58	26.76	25.25	25.16	-、-、-、- ↓
纺织业	1.72	1.83	2.42	3.097	2.86	+、+、+、-
纺织服装、鞋、帽制造业	—	0.48	0.93	1.83	1.80	+、+、+
造纸及纸制品业	4.17	3.53	3.90	5.90	6.00	-、+、+、+
石油加工、炼焦和核燃料加工业	0.31	1.18	2.63	2.35	3.49	+、+、-、+ ↑
化学原料和化学制品制造业	6.74	7.02	6.48	6.70	5.95	+、-、+、-
医药制造业	9.14	8.70	9.89	9.99	9.05	-、+、+、-
化学纤维制造业	3.11	2.13	2.24	2.65	3.09	-、+、+、+
非金属矿物制品业	6.86	6.13	6.39	8.34	8.88	-、+、+、+
黑色金属冶炼和压延加工业	7.50	6.15	5.65	6.56	6.67	-、-、+、+
有色金属冶炼和压延加工业	11.78	10.84	8.62	7.93	6.67	-、-、-、- ↓
金属制品业	2.50	2.19	3.46	4.61	5.06	-、+、+、+
通用设备制造业	3.98	4.29	4.94	6.19	5.85	+、+、+、-
专用设备制造业	3.74	4.27	5.28	4.99	5.08	+、+、-、+
交通运输设备制造业	8.34	9.27	8.66	8.32	10.57	+、-、-、+

续表

行业	2002年	2005年	2008年	2011年	2015年	趋势
电气机械及器材制造业	2.49	2.90	3.18	3.58	3.87	+、+、+、+ ↑
计算机、通信和其他电子设备制造业	2.96	1.40	1.92	4.51	8.23	-、+、+、+
仪器仪表及文化、办公用机械制造业	3.57	2.47	3.06	2.78	3.34	-、+、-、+
电力、燃气及水的生产和供应业	8.31	7.98	8.10	8.60	9.41	-、+、+、+
交通运输、仓储和邮政业	10.76	8.65	7.82	8.48	17.20	-、-、+、+
批发和零售业	—	9.77	7.00	7.63	4.84	-、+、-
住宿和餐饮业	—	10.64	10.18	13.43	16.56	-、+、+
金融业	8.58	10.21	6.79	9.32	9.05	+、-、+、-
房地产业	8.43	8.84	6.26	5.23	6.33	+、-、-、+

注：①根据《中国工业统计年鉴》《中国统计年鉴》数据计算；②制造业的统计口径对应《国民经济行业分类与代码》(GB/T4754—2002)；③趋势分析中的时期分别是2002~2005年、2005~2008年、2008~2011年、2011~2015年，+、-表示该时期比重升高或减少，↑、↓分别表示四个时期比重同时出现上升或下降趋势；④工业行业采用销售产值计算，第三产业采用增加值计算；⑤东部五省市包括北京、上海、广东、浙江和江苏

5. 部分产业承接加重产能过剩问题

调查发现，长江上游地区一些地方政府为了争取有限的项目，通过"以土地换投资""以资源换投资"等手段，比拼优势，从而造成该地区土地和其他资源的浪费；长江上游地区一些资源密集型、劳动密集型和资本密集型制造业的同构现象及产能过剩问题比较严重，而长江上游地区对此类产能过剩行业的承接进一步加重了该地区的产能过剩问题。

6. 三次产业引资全面增长，促进了产业结构的调整

表2.18显示，2005~2014年，重庆三次产业实际利用国内省外资金金额分别从2005年的38 813万元、949 952万元和1 070 225万元增长到2014年的3 399 354万元、29 803 838万元和39 265 745万元，年均增长率分别为56.40%、41.14%和43.37%。三次产业引资全面增长客观上促进了该地区产业结构的调整与优化。

2.5　长江上游地区典型产业集聚区发展现状及特征

2.5.1　重庆笔记本电脑产业集群发展现状及特征 ①

重庆计算机制造业产生于 20 世纪 70 年代末、80 年代初，到 1995 年重庆已拥有计算机生产企业达 10 家，与计算机相关的研究所 13 家，职工 503 人，工程技术人员 361 人；1995～2008 年，重庆计算机产业发展处于停滞阶段，到 2008 年年底，全市计算机企业仅 3 家，但笔记本电脑制造业仍然是空白。

在全球金融危机和东部电子信息产业向中西部地区转移背景下，重庆市政府开始对笔记本电脑产业和企业大力招商引资。2009 年，时任重庆市市长黄奇帆到美国惠普集团总部谈判，承诺 3 年内重庆本地配套率达到 80% 以上，并承诺重庆市政府每年采购 10 万台笔记本电脑、提供税收优惠等系列优惠条件。在此背景下，2009 年 8 月，重庆与全球最大的笔记本电脑品牌商惠普签订合作协议。同年 8 月，重庆与笔记本代工商富士康科技集团也签订合作协议。以此为起点重庆正式介入笔记本电脑行业。2010 年，广达电脑集团、英业达股份有限公司在重庆建立生产基地。同年，宏碁集团将全球生产基地和中国第二运营总部布局在重庆。2011 年，华硕电脑股份有限公司在重庆布局其全球生产基地和中国第二运营总部。纬创、仁宝、和硕等品牌随后入驻。截至 2014 年年底，重庆已陆续引进了惠普、宏碁（含方正）、华硕、东芝等品牌厂商，以及富士康、广达、英业达、纬创、仁宝、和硕等全球最大的 6 家代工企业。2014 年，四大品牌商的全球笔记本电脑产量中，宏碁的 100%、东芝的 90%、华硕的 80%、惠普的 60% 放在重庆生产。在配套体系方面，截至 2014 年，重庆已落户笔记本电脑配套企业 875 家，其中已投产企业 484 家；规模以上企业 161 家。在笔记本电脑产业 42 个配套大类中

---

① 重庆市笔记本电脑产业集群的相关数据来源于重庆市经济和信息化委员会。

已有 40 个签约重庆，其中已投产 35 个，本地配套率达到 83%。总体上看，重庆笔记本电脑产业集群具有以下几个明显的特征（图 2.1）。

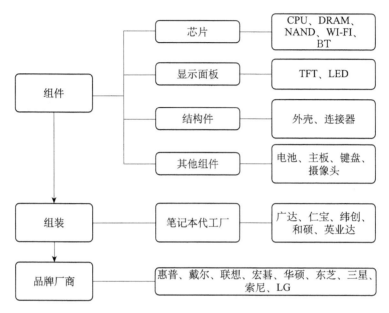

图 2.1　笔记本电脑产业链

CPU—中央处理器；DRAM—动态随机存储器；NAND—NAND 型闪速存储器；WI-FI—无线保真；BT—蓝牙；TFT—薄膜晶体管；LED—发光二极管

第一，创新产业发展模式。重庆笔记本电脑产业采取的是"一头在内、一头在外"的外向型产业发展模式。在这种模式下，80% 的原材料获取，80% 的零部件生产、加工和组装均发生在重庆，有效地降低了原材料和零部件运输成本，并将产业链上的更多价值留在了重庆。

第二，形成了"5+6+800"的产业体系。目前重庆笔记本电脑产业已基本形成由"品牌商＋代理商＋零部件企业"的"5+6+800"垂直整合体系。"5"即惠普、宏碁、华硕、方正、东芝五大品牌商，主要分布在西永综合保税港区的微电子产业园；"6"即广达、英业达、富士康、仁宝、纬创、旭硕六大代工商，主要分布在西永综合保税港区和两路寸滩保税港区；"800"即六大代工商配套生产的 875 家零部件供应商。

第三，产品构成"1+3"格局。例如，2013 年重庆累计生产笔记本电脑 5471.1 万台，同比增长 35.7%；全球每 4 台笔记本电脑就有一台重庆制造；打印机 1943.7 万台，同比增长 115.6%；显示器 994.8 万台，同比增长 23.2%；网通产品 8714 万件，同比增长 14%。2016 年重庆累计生产笔记本电脑 5842.2 万台，同比增长 4.8%，占全球笔记本电脑的 1/3；打印机 1374.6 万台，同比下降 5%；显示器 2654.3 万台，同比增长 34.8%。

第四，配套体系格局形成，集聚效应日益凸显。重庆笔记本电脑产业集群中的零部件配套大多数都由台资或者台资企业在内地的子公司完成。台湾笔记本电脑龙头企业在向重庆迁移时，往往带动上下游配套企业迁移。例如，在重庆引进的 800 多家笔记本电脑零配件企业中，台资企业有 500 多家。目前，围绕两路寸滩保税港区和西永综合保税港区，展运、精元、大泰、滨川、华科事业群、达方、集祥等重点企业齐聚渝西。璧山落户配套企业达 200 家，永川落户配套企业超过 100 家，江津、铜梁、合川、高新区落户配套企业均超过 50 家，前 6 个园区共集中了 658 家配套企业，占落户企业总数的 80%。

第五，产业链日益完善。笔记本电脑是笔记本电脑结构件的终端产品，制造环节覆盖了完整的消费电子产业链。其中，上游主要包括主动元件、被动元件、功能元件和结构元件等半导体零组件供应商。主动元件包括以中央处理器、NAND 和 DRAM 存储芯片、蓝牙芯片、WI-FI 芯片、音频控制芯片等各种 IC 芯片，被动元件包括电阻、电感、电容、晶振等；功能元件主要有液晶面板、电池模组、摄像头等，结构元件则包含外壳、结构件和印制电路板（PCB）等。中游为组装代工厂，主要承担综合制造商的角色，通过向各专业的零组件制造厂采购零组件来组装制造各类笔记本，目前全球十大笔记本电脑代工厂分别为广达、仁宝、纬创、英业达、和硕、精英-志合、大众、伟创力-华宇、神基、蓝天。下游为笔记本电脑的各大品牌商，主要负责产品的功能设计研发、品牌形象设计、营销服务。全球主要的品牌商为惠普、联想、戴尔、华硕、宏碁、苹果、东芝、三星等。

截至 2014 年，重庆已引进显示模组、电池及电池芯、机壳、散热器等战略物质生产企业 30 家，PCB、电源适配器、转轴、连接器、连拉线、键盘、扬声器、晶体振荡器、电磁干扰器（EMI）等关键零部件企业 648 家，其他包材、物流、维修服务等企业 197 家。签约配套企业覆盖 42 个大类产品中的 40 个小类，品种配套率已达 86%，本地配套率已达 83%。

第六，加工贸易导致本土企业技术创新动力不足。重庆市笔记本电脑产业集群属于基于低成本的加工组装型产业集群，科技含量不高，对研发活动的需求不足。产业集群内的企业和生产环节以劳动密集型为主，母公司均未将公司的高端研发设计部门移至重庆，也未独资或合资构建研发基地；重庆市笔记本电脑产业集群具有相对封闭的网络体系，属于"飞地式"产业集群，集群内缺乏本土企业，更无本土核心企业和知名品牌，本土企业技术创新动力不足。从这个意义上讲，重庆市笔记本电脑产业集群的竞争优势可能具有不可持续性。

2.5.2 重庆汽车产业集群发展现状及特征

重庆汽车产业始于 20 世纪 70 年代末至 80 年代初，其产生得益于重庆雄厚的军工制造基础。经过几十年的发展，已形成了北部汽车工业园区、西部汽车工业园区和南部汽车工业园区为中心的汽车产业集群，是中国最大的汽车产业集群之一。截至 2014 年年底，重庆市拥有汽车生产企业 32 家，包括长安福特汽车有限公司、中国长安汽车集团股份有限公司、长安铃木汽车有限公司、东风渝安车辆有限公司（旗下品牌：东风小康）、北汽集团西南基地（北汽银翔）、华晨鑫源重庆汽车有限公司、上汽依维柯红岩商用车有限公司、上汽通用五菱汽车股份有限公司、庆铃汽车股份有限公司、力帆实业（集团）股份有限公司等整车生产企业 14 家，生产轿车、微型车、轻型卡车、重型卡车等产品；重庆金冠汽车制造有限公司、重庆市迪马实业股份有限公司、重庆大江信达车辆股份有限公司等专用车生产企业 18 家，生产客车、自卸车、汽车起重机、高空作业车、防弹运钞车等，已形成年产 400 万辆的综合生产能力；拥有规模以上汽车零部件生产企业约 600 家，已具备发动机、变速器、制动系统、转向系统、车桥、内饰系统、空调等各大总成完整的供应体系，汽车零部件本地配套率在 70% 以上。2011～2015 年，重庆汽车工业总产值由 2199.33 亿元增长到 4600.08 亿元，汽车工业总产值占全市规模以上工业总产值比重由 18.56% 增长到 21.50%，汽车由 172.20 万辆增长到 304.51 万辆，其中，生产轿车由 93.67 万辆增长到 108.79 万辆。汽车产业也成为重庆市最重要的支柱产业。总体上看，重庆汽车产业集群呈现出以下几个明显的特征（表 2.23 和表 2.24）。

第一，形成了"1+8+1000"的产业体系。截至 2016 年，重庆市已成为全国最大的汽车生产基地，已形成"1+8+1000"的产业格局，即以长安为龙头，八大汽车品牌商共同发展的格局，同时拥有 1000 余家汽车零配件配套厂商。

第二，从空间布局来看，重庆市汽车整车及零部件生产主要集中在重庆主城区、渝西地区等经济发达地区，如两江新区、北部新区、空港园区、巴南园区、九龙园区、同兴园区，以及江津、涪陵、合川、双桥、铜梁、綦江等工业园区。

第三，龙头企业的带动作用不明显。重庆市拥有中国第三大汽车制造商——长安集团，但长安集团与上汽集团、东风集团相比存在一定的差距。由于汽车产业是一个产业链较长的行业，龙头企业的带动作用至关重要。

第四，零部件产业不发达。重庆汽车零部件产业发展落后于整车制造产业，汽车工业投资呈现出"重整车轻配件"的倾向。2011～2013 年，中国汽车零部件企业工业总产值排名前 60 位的企业中，没有一家布局在重庆。重庆汽车零部件厂商经营品种单一，生产规模小，产品主要集中在一些低技术含量、低附加值产业领域，竞争力不强。

第五，自主研发能力有待进一步提升。在重庆汽车制造企业发展过程中，主要通过合资合作方式，引进国外核心技术来进行生产，关键生产环节技术欠缺，尤其是在轿车领域，这种情况普遍存在，从而造成了重庆汽车产业对国外技术的依赖，尤其是发动机等核心组件，多数从美国、日本等发达国家进口，自主研发技术远远达不到国际先进水平。

表 2.23 2011～2014 年重庆汽车工业产值、产品结构情况

年份	汽车工业总产值 / 亿元	规模以上工业总产值 / 亿元	汽车占规模以上工业总产值比重 /%	轿车 / 万辆	汽车 / 万辆
2011	2 199.33	11 847.06	18.56	93.67	172.20
2012	2 390.73	13 095.12	18.26	102.40	184.46
2013	3 011.30	15 785.41	19.08	108.14	215.06
2014	3 776.20	18 782.33	20.11	111.32	262.89
2015	4 600.08	21 400.01	21.50	108.79	304.51

资料来源：根据历年《重庆统计年鉴》数据计算

表 2.24 重庆市汽车产业集群发展现状

主导产业	重点产品	核心企业	重点园区
汽车整车	轿车、微型车、客车、载重车、专用车、新能源汽车、运动型多用途汽车（SUV）、多用途汽车（MPV）、重型卡车、特种车	长安汽车、长安福特、长安铃木、上汽依维柯红岩、力帆、庆铃、恒通、上汽通用五菱、东风小康、华晨鑫源、北汽银翔、五洲龙、潍柴嘉川、金冠、东风本田等	两江新区、北部新区、空港园区、巴南园区、九龙园区、同兴园区、江津、涪陵、合川、双桥、铜梁、綦江等工业园区
汽车零部件	汽车发动机、变速箱、汽车底盘、电控系统、轮胎、汽车空调、轮毂、制动器、蓄电池、转向器、缸体缸盖、齿轮、承轴	长安福特、隆鑫、康明斯、韩泰轮胎、渝江压铸、平伟、海德世、延锋伟世通、青山工业、红宇、蓝黛传动、红旗缸盖、江森蓄电池、机电铸造、双钱轮胎、綦齿传动等	两江新区、经开区、高新区、北部新区、九龙园区、巴南园区、长寿区、壁山、永川、荣昌、潼南、南川、万盛等工业园区

2.6 长江上游地区产业空间布局存在的主要问题

总体上看，长江上游地区产业空间布局存在产业集聚水平低、产业布局雷同、产业链布局不合理、承接产业的层次低等问题，影响到该地区经济增长方式由粗放型向集约型的转变。

1. 产业集聚水平较低

总体上看，长江上游地区三次产业集聚水平较低，集聚特征不明显；从工业内部结构来看，具有集聚特征的行业主要是采掘业，电、热、气、水生产和供应业，资源密集型和资本密集型制造业（如农副食品加工业，

食品制造业、酒、饮料和精制茶制造业，烟草制品业，家具制造业，非金属矿物制品业，黑色金属冶炼和压延加工业，有色金属冶炼和压延加工业等），以及传统服务业（如住宿和餐饮业）；先进制造业、战略性新兴产业和现代服务业等产业的集聚水平低，集聚特征不明显。以战略性新兴产业为例，目前我国战略性新兴产业主要集中在环渤海、长三角和珠三角地区，布局在长江上游地区的战略性新兴产业严重不足，仅高端装备制造业、新能源及新能源汽车等少量战略性新兴产业（表 2.25）。

表 2.25　中国战略性新兴产业空间布局

产业类型	主要分布地域
节能环保	长三角地区、珠三角地区、环渤海地区、长江流域带
新一代信息技术	环渤海地区、长三角地区、珠三角地区
生物医药	环渤海地区、长三角地区、珠三角地区
高端装备制造	环渤海地区、长三角地区、珠三角地区、中部地区、成渝地区
新能源	环渤海地区、长三角地区、西北地区、西南地区（四川）
新材料	环渤海地区、长三角地区、珠三角地区、中部地区、西部地区、东北地区
新能源汽车	珠三角地区、长春、北京、上海、武汉、重庆

资料来源：李金华，2015

2. 产业布局雷同

长江上游四省市产业以资源密集型和资本密集型产业为主，产业同构化现象及竞争严重，客观上制约了该地区比较优势的显现和资源空间分布效率的提升，也不利于该地区经济增长方式由粗放型向集约型转变。以制造业为例，目前长江上游地区四省市具有比较优势的制造行业和空间分布情况是：农副食品加工业，主要布局在云南和四川；食品制造业，主要布局在四川和云南；酒、饮料和精制茶制造业，主要布局在四川、贵州和云南；烟草制品业，主要布局在云南、贵州和重庆；化学原料和化学制品制造业，主要布局在云南、贵州和四川；医药制造业，布局在贵州、四川、重庆和云南；非金属矿物制品业，布局在四川、重庆、贵州和云南；黑色金属冶炼和压延加工业，主要布局在云南、贵州和四川。

3. 产业链布局不合理

长江上游地区各个产业的开发程度不高，从产业链的角度来看，总体上看该地区具有高附加值的上下游产业链缺乏，加工产业链断层明显，产业链各环节联系不紧密。从而造成了土地资源的浪费和生态环境的破坏，产业集聚效应难以发挥，这也是导致长江上游地区粗放型经济增长方式的重要原因之一。例如，2014 年长江上游地区非金属矿采选业、有色金属矿采选业的 CR_4 分别为 0.23 和 0.14，而同期该地区的非金属矿物制品业、有色金属冶炼和压延加工业的 CR_4 分别为 0.10 和 0.08。重庆笔记本电脑产业集群属于基于低成本的加工组装型产业集群，集群内的企业和生产环节以劳动密集型为主，缺少具有高附加值的研发活动和知名品牌。

4. 承接产业的层次较低，部分产业承接加重了产能过剩问题

目前，长江上游地区承接产业以劳动密集型和资源密集型产业为主；部分产业转移环境门槛低，导致一些"高耗能、高消水和高污染"及低附加值产业转移至长江上游地区；此外，部分转移企业对承接地企业的带动作用不强。许多企业是"无根性"企业，与本地企业的关联性不强，甚至对当地企业产生挤出效应；当前，长江上游地区一些劳动密集制造业和资本密集型制造业的同结构现象及产能过剩问题比较严重，而此类产能过剩行业的承接进一步加重了长江上游地区的产能过剩问题，不利于该地区经济增长方式由粗放型向集约型转变。

5. 当前的产业布局不利于缩小长江上游地区区域差距

长江上游地区现有的产业空间布局，一方面不利于缩小该地区与东部地区的差距；另一方面也不利于缩小长江上游地区区域内部之间的差距。以重庆市汽车产业集群为例，目前重庆市汽车整车和零部件生产集中在重庆主城区、渝西地区等重庆市经济发展水平相对较高的区域，而经济欠发达的渝东南地区很少有汽车产业布局。这种汽车产业布局客观上不利于重庆区域之间差距的缩小。

2.7　长江上游地区产业空间布局的主要影响因素

长江上游地区产业空间布局的影响因素是复杂的，包括自然资源、要素禀赋、外部性 / 技术外溢、规模经济、市场规模、运输成本、交易成本、劳动力成本等地理区位因素、经济因素、制度因素和偶然因素等多个方面。本章研究尤其强调制度因素的影响，主要包括国家非均衡发展战略、国家对外开放政策、西部大开发战略等。

1. 国家非均衡发展战略

改革开放以来实行非均衡发展战略，国家经济政策向东部沿海地区倾斜，导致东部沿海地区工业化和城镇化速度均高于其他地区，从而也使东部沿海地区特别是长三角、珠三角和环渤海城市群成为我国现代产业的集聚地，而地处西部的长江上游地区现代产业发展水平较低，产业集聚特征不明显。

2. 国家对外开放政策

改革开放以来，我国实施了由沿海向内地推进的梯度对外开放政策和对外开放战略，该政策诱发我国工业企业、劳动力及资本向长三角、珠三角和环渤海等东部沿海经济发达地区集聚。同时，国内外投资也优先集聚在区位条件优越、市场环境良好、同海外联系较为密切的东南沿海开放地区，特别是经济特区、沿海开放城市、沿海经济开发区等，现代工业部门在上述地区迅速发展起来，产业集中度相对较高。相比而言，地处西部的长江上游地区工业布局分散，集聚特征不明显。

3. 西部大开发战略

2000 年国家正式实施西部大开发战略，中央政府和相关部委通过对西部地区基础设施、金融信贷支持、税收优惠、放宽资源开发条件等政策措施，激励西部有条件的省份主动吸收、承接东部地区转移过来的工业；同时，西部地区各级地方政府部门在吸收东部资金、技术、人才、设备等生产要素方面也制定了一系列优惠政策措施，包括信贷支持、降低土地和能源价格、简化审批手续等政策措施（冯根福等，2010）。以上政策措施的出台，在一定程度上促进了地处西部的长江上游地区产业空间布局的优化和区域经济发展。

然而，从政策实施看，西部大开发的政策力度偏小，影响有限，加上西部地区条件落后，政策的执行效果减弱。例如，在外资税收优惠政策上只是向东部地区"看齐"；在西部地区新办交通、电力、水利、邮政、广播电视企业，给予减免企业所得税的优惠政策，但国家鼓励的这些产业往往是高风险、高投入、低回报的项目，准入门槛高，政策作用有限；西部大开发税收优惠政策主要以国家《产业结构调整目录》中的鼓励类产业为指导，没有将旅游文化、林果业和畜牧业、少数民族医药、生态经济等西部特色优势产业纳入鼓励类目录，不利于长江上游地区产业空间布局的优化。

4. 地方保护主义和地方政府之间的利益竞争

相对于其他国家，我国地方政府在推动经济发展中发挥着更加重要的作用。改革开放以来，追求地方经济增长和地方财政收入最大化成为地方政府经济行为的最主要目标（周业安等，2004）。在现行财税制度及地方政府考核评价制度下，地方保护主义和地方政府之间的利益竞争更加强烈，如地方政府通过直接投资、财政补贴、税收优惠、低价出让土地、改善基础设施等手段，来保护本地市场和本地企业，并阻碍本地产业转移，从而导致一些集聚效应非常高的产业布局分散，缺乏规模效应。

2.8 本章小结

改革开放以来，长江上游地区产业空间布局有了较大调整和转变，但是产业空间分布的不均衡现象仍然非常突出，影响长江上游地区经济可持续发展。本章利用长江上游地区四省市（重庆、四川、云南、贵州）的统计数据，采用文献研究、统计分析和比较分析等分析方法，深入揭示长江上游地区产业发展现状及特征。主要研究内容及结论如下。

（1）长江上游地区产业空间布局的历史变迁。长江上游地区产业空间布局大致经历了三个阶段：工业化起步阶段（1937~1949 年）、大规模建设阶段（1949~1978 年）、调整与全面开发阶段（1978 年以后）。

（2）长江上游地区产业发展现状。长江上游地区第一产业增加值占全国的比重由 1997 年的 12.78% 增长到 2014 年的 13.48%，增长了 0.70 个百分点；第二产业增加值占全国的比重由 1997 年的 7.87% 增长到 2014 年的 10.90%，增长了 3.03 个百分点，是三次产业中增长幅度最大的产业；第三产业增加值占全国的比重由 1997 年的 8.97% 下降到 2014 年的 8.95%，下降了 0.02 个百分点。自 1997 年以来，长江上游地区工业产值呈现出缓慢上升的态势，工业总产值份额呈现出先下降后缓慢上升的态势。传统服务业仍然是长江上游地区服务业的主体，但现代服务业（如金融业）也呈现出强劲发展的态势。

（3）长江上游地区产业空间布局现状及特征。总体上看，长江上游地区工业集聚水平较低，集聚特征不明显；但工业内部的采掘业，以及电、热、气、水生产和供应业具有明显的集聚特征和比较优势；制造业并没有表现出明显的集聚特征和比较优势。①采掘业内部，区位商大于 1 的行业及空间布局情况是：煤炭开采和洗选业，布局在贵州、云南、重庆和四川；黑色金属矿采选业，主要布局在云南和四川；有色金属矿采选业，主要布局在云南和四川；非金属矿采选业，布局在贵州、云南、四川和重庆；此外，石油和天然气开采业、其他采矿业在四川也具有集聚特征和比较优势。②制造业内部，区位商大于 1 的行业及空间布局情况是：农副食品加工业，主要布局在云南和四川；食品制造业，主要布局在四川和云南；酒、饮料和精制茶制造业，主要布局在四川、贵州和云南；烟草制品业，主要布局在云南、贵州和重庆；家具制造业，主要布局在四川；化学原料和化学制品制造业，主要布局在云南、贵州和四川；医药制造业，布局在贵州、四川、重庆和云南;非金属矿物制品业,布局在四川、重庆、贵州和云南;黑色金属冶炼和压延加工业,主要布局在云南、贵州和四川;有色金属冶炼和压延加工业,主要布局在贵州和云南;交通运输设备制造业,主要布局在重庆,尤其是汽车制造业在重庆和全国具有重要地位;此外,造纸和纸制品业在四川具有集聚特征和比较优势,印刷业和记录媒介复制业,石油加工、炼焦和核燃料加工业,木材加工和木、竹、藤、棕、草制品业在云南具有集聚特征和比较优势,仪器仪表制造业在重庆具有集聚特征和比较优势。需指出的是,自2014年以来,重庆市的计算机、通信和其他电子设备制造业、贵州省的交通运输设备制造业和其他制造业、云南省的废弃资源综合利用业发展迅速,聚集程度迅速提高。③电、热、气、水生产和供应业内部,区位商大于1的行业及空间布局情况是:电力、热力的生产和供应业,主要布局在贵州、云南和四川;燃气生产和供应业,主要布局在四川、重庆和贵州;水的生产和供应业,主要布局在贵州、四川和云南。

总体上看,长江上游地区住宿和餐饮业显现出集聚特征和比较优势。重庆市的交通运输、仓储和邮政业,以及金融业具有聚集特征和比较优势,自2013年以来重庆市的住宿和餐饮业表现出明显的集聚特征和比较优势;四川省的住宿和餐饮业具有集聚特征和比较优势;贵州省的交通运输、仓储和邮政业,住宿和餐饮业具有集聚特征和比较优势;云南省的住宿和餐饮业、其他服务业具有集聚特征和比较优势。

(4)长江上游地区产业转移与承接现状及特征。长江上游地区产业转移与承接呈现出以内资为主,国际资本为辅的格局;承接的国内产业转移以东部沿海产业为主;承接的产业转移集中在第二、第三产业,以制造业和房地产业为主;承接产业以劳动密集型和资源密集型产业为主,承接产业的层次较低;部分产业承接加重产能过剩问题;三次产业引资全面增长,促进了该地区产业结构的调整。

(5)长江上游地区典型产业集聚区发展现状及特征。主要包括重庆笔记本电脑产业集群发展现状及特征、重庆汽车产业集群发展现状及特征两个方面的内容。

第一，重庆笔记本电脑产业集群发展现状及特征主要体现在：创新产业发展模式；形成了"5+6+800"的产业体系；产品构成"1+3"格局；配套体系格局形成，集聚效应日益凸显；产业链日益完善；加工贸易导致本土企业技术创新动力不足。

第二，重庆汽车产业集群发展现状及特征主要体现在：形成了"1+8+1000"的产业体系；汽车整车及零部件生产集聚于重庆主城区、渝西地区等经济相对发达的地区；龙头企业的带动作用不明显；零部件产业不发达；自主研发能力有待进一步提升。

（6）长江上游地区产业空间布局存在的主要问题。长江上游地区产业空间布局存在的主要问题是：产业集聚水平较低；产业布局雷同；产业链布局不合理；承接产业的层次较低，部分产业承接加重产能过剩问题；当前的产业布局不利于缩小长江上游地区区域差距。

（7）长江上游地区产业空间布局的主要影响因素。长江上游地区产业空间布局的影响因素是复杂的，包括自然资源、要素禀赋、运输成本、交易成本、技术外溢、规模经济、市场规模、市场潜能、劳动力成本等地理区位因素、经济因素、制度因素和偶然因素等，本章研究尤其强调制度因素的影响，主要包括国家非均衡发展战略、国家对外开放政策、西部大开发战略、地方保护主义和地方政府之间的利益竞争等。

需要指出的是，本章的研究也存在一定的局限性：由于数据获取的困难性，如获取完整的重庆地级层面数据非常困难，本章对长江上游地区产业空间布局现状及特征的分析，仅仅采用了行业集中度、区位商两个反映产业地理集中度的指标，并采用重庆、四川、云南和贵州省级层面数据，区域单元数量（4个）过少，难以准确反映制造业的实际集聚特征；同时，本章也忽视了基于区域规模、市场集中度和地理距离的产业集聚指标（如EG指数、DO指数）的分析。因此未来有必要基于不同产业集聚测量方法来深入揭示长江上游地区产业空间布局现状及特征。

第3章 长江上游地区经济发展现状及特征

3.1 长江上游地区经济发展总量、结构特征及趋势分析

自 1997 年以来，长江上游地区生产总值呈现出高速增长的趋势，地区生产总值由 1997 年的 7107.42 亿元增加到 2014 年的 64 880.24 亿元，年均增长率为 13.07%。其中，重庆市地区生产总值由 1997 年的 1350.10 亿元增加到 2014 年的 14 262.60 亿元，年均增长率为 13.99%；四川省地区生产总值由 1997 年的 3320.11 亿元增加到 2014 年的 28 536.66 亿元，年均增长率为 12.69%；贵州省地区生产总值由 1997 年的 792.98 亿元增加到 2014 年的 9266.39 亿元，年均增长率为 14.63%；云南省地区生产总值由 1997 年的 1644.23 亿元增加到 2014 年的 12 814.59 亿元，年均增长率为 12.08%（表 3.1）。

自 1997 年以来，长江上游地区生产总值占全国的份额有所提高，地区生产总值占全国的比重由 1997 年的 8.95% 增加到 2014 年的 10.20%，增加了 1.25 个百分点。其中，重庆市地区生产总值占全国的比重由 1997 年的 1.70% 增加到 2014 年的 2.24%，增加了 0.54 个百

表 3.1　长江上游地区生产总值及其占全国的比重

年份	长江上游 总量/亿元	长江上游 比重/%	重庆 总量/亿元	重庆 比重/%	四川 总量/亿元	四川 比重/%	贵州 总量/亿元	贵州 比重/%	云南 总量/亿元	云南 比重/%
1997	7 107.42	8.95	1 350.10	1.70	3 320.11	4.18	792.98	1.00	1 644.23	2.07
1998	7 645.30	9.01	1 429.26	1.68	3 580.26	4.22	841.88	0.99	1 793.90	2.11
1999	7 958.92	8.82	1 479.71	1.64	3 711.61	4.12	911.86	1.01	1 855.74	2.06
2000	8 548.21	8.57	1 589.34	1.59	4 010.25	4.02	993.53	1.00	1 955.09	1.96
2001	9 331.14	8.46	1 749.77	1.59	4 421.76	4.01	1 084.90	0.98	2 074.71	1.88
2002	10 263.78	8.48	1 971.30	1.63	4 875.12	4.03	1 185.04	0.98	2 232.32	1.84
2003	11 528.28	8.44	2 250.56	1.65	5 456.32	4.00	1 356.11	0.99	2 465.29	1.81
2004	13 772.78	8.57	2 665.39	1.66	6 556.01	4.08	1 591.90	0.99	2 959.48	1.84
2005	16 319.97	8.78	3 467.72	1.87	7 385.10	3.97	2 005.42	1.08	3 461.73	1.86
2006	18 924.59	8.69	3 907.23	1.80	8 690.24	4.00	2 338.98	1.07	3 988.14	1.83
2007	22 895.15	8.54	4 676.13	1.74	10 562.39	3.94	2 884.11	1.08	4 772.52	1.78
2008	27 648.57	8.73	5 793.66	1.83	12 601.23	3.98	3 561.56	1.12	5 692.12	1.80
2009	30 763.72	8.90	6 530.01	1.89	14 151.28	4.09	3 912.68	1.13	6 169.75	1.79
2010	36 937.4	9.03	7 925.58	1.94	17 185.48	4.20	4 602.16	1.13	7 224.18	1.77
2011	45 633.01	9.43	10 011.37	2.07	21 026.68	4.34	5 701.84	1.18	8 893.12	1.84
2012	52 443.87	9.82	11 409.60	2.14	23 872.60	4.47	6 852.20	1.28	10 309.47	1.93
2013	59 094.5	10.05	12 783.26	2.17	26 392.07	4.49	8 086.86	1.38	11 832.31	2.01
2014	64 880.24	10.20	14 262.60	2.24	28 536.66	4.49	9 266.39	1.46	12 814.59	2.01

资料来源：根据历年《中国统计年鉴》数据计算

分点；四川省地区生产总值占全国的比重由 1997 年的 4.18% 增加到 2014年的 4.49%，增加了 0.31 个百分点；贵州省地区生产总值占全国的比重由 1997 年的 1.00% 增加到 2014 年的 1.46%，增加了 0.46 个百分点；云南省地区生产总值占全国的比重由 1997 年的 2.07% 下降到 2014 年的 2.01%，下降了 0.06 个百分点（表 3.1）。

3.2　长江上游地区三次产业效率分析

关于效率概念的界定，不同学者有不同的标准。萨缪尔森和诺德豪斯（2008）给出了效率的定义：在一个经济体资源和技术既定的条件下，如果该经济体能够为消费者最大可能提供各种物品和劳务的组合，那么该经济体就是有效率的。樊纲（1995）认为，经济效率是指社会利用现有资源进行生产所提供的效用满足程度，因此也称为资源的利用效率。从经济学的意义上讲，效率是指经济活动中各种投入要素转化为产出的有效程度，即投入要素的有效利用程度，它是经济活动中资源配置是否合理的重要反映，可以在一定程度上反映经济增长方式的现状。就现实经济运行而言，效率除了受到决策单元自身对投入资源利用效率的影响之外，往往受到许多来自外部不可控因素的影响。

要素投入是经济增长的直接原因，新经济增长理论认为技术是经济持续增长的根本原因。区域经济差异不仅取决于生产要素的空间分布不同，而且受到技术进步或技术效率差异化的影响。目前学术界主要采用数据包络分析（DEA）方法和随机前沿（SFA）方法进行技术效率分析。DEA 方法和 SFA 方法在测算生产效率时都存在一定的不足。Fried 等（2002）将这两种方法进行综合，提出了三阶段 DEA 模型。三阶段 DEA 模型主要对效率进行静态分析。

本节将利用三阶段 DEA 模型，对长江上游地区三次产业效率（综合技术效率）进行分析，以期在一定程度上揭示长江上游地区三次产业经济增长的基本情况。

3.2.1　三阶段 DEA 模型

1. 第一阶段：传统 DEA 模型（BCC 模型）

采用 Banker 等（1984）的投入导向可变规模报酬 DEA-BCC 模型，设有 n 个决策单元 DMU，每个决策单元有 p 种类型的输入（以 x_j 表示）和 q 种类型的输出（以 y_j 表示），模型见式（3.1）。

$$\min\left[\theta-\varepsilon\left(\sum_{i=1}^{p}s^{-}+\sum_{r=1}^{q}s^{+}\right)\right],\quad 0\leqslant\theta\leqslant 1$$

$$\text{s.t.}\begin{cases}\sum_{j=1}^{n}\lambda_j x_j+s^{-}=\theta x_t\\\sum_{j=1}^{n}\lambda_j y_j-s^{+}=y_t\\\sum_{j=1}^{n}\lambda_j=1\\\theta,\lambda_j,s^{-},s^{+}\geqslant 0,\ j=1,2,\cdots,n\end{cases}\tag{3.1}$$

式中，θ 为决策单元总效率值；ε 为非阿基米德无穷小量；s^-，s^+ 为松弛变量。当 $\theta=1$ 且 $s^-=s^+=0$ 时，该决策单元处于有效状态。

2. 第二阶段：SFA 回归 / 冗余量修正

设第 j 个决策单元第 i 种投入变量的冗余值为 s_{ij}，它受到 m 个环境变量的影响，即 $Z_{mj}=\{z_{1j},\ z_{2j},\ \cdots,\ z_{mj};\ j=1,\ 2,\ \cdots,\ n\}$，构建投入变量冗余值和环境变量模型，见式（3.2）。其中，$f^j(z_j\beta^j)$ 为环境变量对投入松弛冗余值的影响，β^j 为参数，一般假设为 $f^j(z_j\beta^j)=z_j\beta^j$；$v_{ij}+\mu_{ij}$ 为回归方程的混合误差项，v_{ij}，μ_{ij} 独立不相关，且 $v_{ij}\sim N(0,\ \sigma_{vi}^2)$ 反映随机误差影响，$v_{ij}\sim N(0,\ \sigma_{\mu i}^2)$ 反映管理无效率影响。

$$s_{ij}=f^j(z_j\beta^j)+v_{ij}+\mu_{ij}\tag{3.2}$$

令 $\gamma=\dfrac{\sigma_{\mu i}^2}{\sigma_v^2+\sigma_{\mu i}^2}$，当 γ 趋近于 1 时，管理无效率影响占主导地位，当

γ 趋近于 0 时，随机误差影响占主导地位。

根据罗登跃（2012）对三阶段 DEA 中管理无效率估计的计算方法，见式（3.3）。其中，$\lambda=\sigma_\mu/\sigma_v$，$\sigma^2=\sigma^2_\mu+\sigma^2_v$，$\varepsilon_i=v_{ij}+\mu_{ij}$，$\phi(\cdot)$ 与 $\varphi(\cdot)$ 分别为标准正态分布的密度函数和分布函数。

$$E(\mu_i/\varepsilon_i)=\frac{\lambda\sigma}{1+\lambda^2}\left[\frac{\varphi(\varepsilon_i\lambda/\sigma)}{\phi(\varepsilon_i\lambda/\sigma)}+\frac{\varepsilon_i\lambda}{\sigma}\right] \quad （3.3）$$

根据式（3.2）进一步估计随机误差，见式（3.4）。

$$E(v_i/\varepsilon_i)=s_{ij}-f^j(z_j\beta^j)-E(\mu_i/\varepsilon_i) \quad （3.4）$$

最后调整投入变量公式见式（3.5），x^*_{ij}、x_{ij} 分别为调整后与调整前的投入变量值，等式右侧第一个括号内代表所有决策单元的外部环境相同，第二个括号内代表所有决策单元的随机误差相同。因此经调整之后，所有决策单元便处于可比较的状态中。

$$x^*_{ij}=x_{ij}+\max_j\{z_j\beta^j\}-z_j\beta^j+\max_j\{v_{ij}\}-v_{ij} \quad （3.5）$$

3. 第三阶段：调整后的 DEA-BCC 模型

将第二阶段调整后所得投入变量与初始产出变量值进行 DEA-BCC 模型测算，这时所得综合技术效率排除了环境变量和随机因素的影响，客观体现了决策单元的技术效率，更能反映事实。

3.2.2 指标选取与数据来源

1. 指标选取

1）投入和产出变量

关于产出变量，鉴于数据的可获得性，选择按可比价折算后的三次产业增加值作为产出指标。

关于投入变量，劳动（L）和资本（K）投入是经济投入产出系统研究中两个基本投入变量。本章选取各产业年末从业人数作为劳动力投入变量。

对资本存量的估算主要采用了永续盘存法（PIM），即

$$K_t = I_t + (1-d_t) \times K_{t-1} \qquad (3.6)$$

式中，K_t 为在 t 期的固定资本存量；K_{t-1} 为其前一期的固定资本存量；I_t 为在 t 期的固定资产投资；d_t 为在 t 期的资本折旧率。关于式（3.6）中基期资本存量 K 及资本折旧率采用了单豪杰（2008）的方法进行确定。

2）环境变量

环境变量是指在决策单元控制范围之外但又对效率值具有重要影响的变量。结合前期研究成果并考虑数据的可得性，选取了反映经济发展水平、产业结构、开放水平的三个变量作为环境变量。经济发展水平高的地区可以集聚优质资源，有利于制造业吸引优秀人才和先进管理经验，提升生产效率，本章采用各地区人均 GDP 来测量；开放水平在很大程度上影响一个地区的生产效率，本章采用地区出口总额来测量；产业结构采用第二、第三产业增加值占地区生产总值的比重来测量。

2. 数据来源

鉴于数据的可获得性和完整性，本章选取 2005 年、2008 年、2011 年、2014 年作为典型年份，长江上游四省市的地级区域作为典型区域进行研究，合计 50 个地级区域（市区）；重庆市地级区域较多，完整的数据获取非常困难，因此本章将重庆市划分为重庆主城区、渝西地区、渝东北地区、渝东南地区四个区域。50 个研究区域的具体情况参见表 3.2。数据来源于四省市各地区历年统计年鉴、各地区历年国民经济和社会发展统计公报。需要指出的是，重庆、云南、贵州三省市地级区域缺失 2011 年、2014 年三次产业从业人员数，因此本章采用了灰色模型 GM（1，1）预测方法对相关数据进行了预测（邓聚龙，1990）。

表 3.2　研究区域一览表

省市	研究区域	合计
重庆市	主城区、渝西地区、渝东北地区、渝东南地区	4

省市	研究区域	合计
云南省	昆明市、曲靖市、玉溪市、保山市、昭通市、楚雄彝族自治州（简称楚雄州）、红河哈尼族彝族自治州（简称红河州）、文山壮族苗族自治州（简称文山州）、普洱市、西双版纳傣族自治州（简称西双版纳）、大理白族自治州（简称大理州）、德宏傣族景颇族自治州（简称德宏州）、丽江市、怒江傈僳族自治州（简称怒江州）、迪庆藏族自治州（简称迪庆州）、临沧市	16
四川省	成都市、自贡市、攀枝花市、泸州市、德阳市、绵阳市、广元市、遂宁市、内江市、乐山市、南充市、眉山市、宜宾市、广安市、达州市、雅安市、巴中市、资阳市、阿坝藏族羌族自治州（简称阿坝州）、甘孜藏族自治州（简称甘孜州）、凉山彝族自治州（简称凉山州）	21
贵州省	贵阳市、遵义市、六盘水市、安顺市、毕节市、铜仁市、黔西南布依族苗族自治州（简称黔西南州）、黔东南苗族侗族自治州（简称黔东南州）、黔南布依族苗族自治州（简称黔南州）	9

注：①重庆主城区包括渝中、江北、南岸、九龙坡、沙坪坝、大渡口、北碚、渝北、巴南；渝西地区包括永川、大足、江津、铜梁、綦江、合川、南川、潼南、荣昌、璧山等；渝东北地区包括万州、梁平、城口、丰都、垫江、忠县、开州、云阳、奉节、巫山、巫溪等；渝东南地区包括黔江、石柱、彭水、西阳、秀山、武隆。②普洱市在 2007 年前为思茅市、思茅地区；毕节市在 2011 年前为毕节地区；铜仁市在 2011 年前为铜仁地区

3.2.3 实证分析结果

1. 第一阶段 DEA：基于原始投入和产出数据的 BCC 模型佑计

第一阶段运用 DEAP 2.1 软件中的可变规模报酬模型（BCC 模型）对长江上游地区 50 个市区三次产业的综合技术效率（TE）、纯技术效率（PTE）和规模效率（SE）及规模收益状态（RS）进行初步分析。分析结果见表 3.3～表 3.6。

表 3.3 2005 年长江上游地区三次产业初始 DEA 指数及分解

地区	第一产业				第二产业				第三产业			
	TE	PTE	SE	RS	TE	PTE	SE	RS	TE	PTE	SE	RS
重庆主城区	0.515	0.521	0.988	irs	0.331	0.937	0.353	drs	0.434	0.979	0.443	drs
渝西地区	0.496	1.000	0.496	drs	0.401	1.000	0.401	drs	0.312	0.609	0.513	drs
渝东北地区	0.392	0.807	0.486	drs	0.443	0.584	0.759	drs	0.302	0.553	0.545	drs

续表

地区	第一产业				第二产业				第三产业			
	TE	PTE	SE	RS	TE	PTE	SE	RS	TE	PTE	SE	RS
渝东南地区	0.300	0.316	0.949	irs	0.212	0.264	0.805	irs	0.219	0.253	0.866	irs
昆明市	0.362	0.425	0.852	drs	0.316	1.000	0.316	drs	0.545	1.000	0.545	drs
曲靖市	0.288	0.347	0.831	drs	0.340	0.530	0.642	drs	0.305	0.445	0.685	drs
玉溪市	0.355	0.381	0.931	irs	0.711	1.000	0.711	drs	0.529	0.735	0.720	drs
保山市	0.370	0.392	0.944	irs	0.166	0.281	0.590	irs	0.360	0.423	0.852	drs
昭通市	0.230	0.242	0.952	irs	0.234	0.289	0.809	irs	0.279	0.337	0.827	drs
楚雄州	0.112	0.186	0.604	irs	0.082	0.186	0.442	irs	0.184	0.188	0.979	drs
红河州	0.159	0.171	0.927	irs	0.065	0.108	0.601	irs	0.140	0.141	0.990	drs
文山州	0.224	0.242	0.926	irs	0.125	0.235	0.532	irs	0.171	0.178	0.955	drs
普洱市	0.438	0.455	0.963	irs	0.440	0.511	0.862	irs	0.491	0.604	0.813	drs
西双版纳州	1.000	1.000	1.000	—	1.000	1.000	1.000	—	1.000	1.000	1.000	—
大理州	0.320	0.334	0.958	irs	0.183	0.257	0.710	irs	0.315	0.388	0.812	drs
德宏州	0.518	0.580	0.893	irs	0.179	0.395	0.453	irs	0.432	0.459	0.942	drs
丽江市	1.000	1.000	1.000	—	0.492	0.571	0.861	irs	0.891	1.000	0.891	drs
怒江州	0.833	1.000	0.833	irs	0.363	1.000	0.363	irs	1.000	1.000	1.000	—
迪庆州	0.198	1.000	0.198	irs	0.089	1.000	0.089	irs	0.235	1.000	0.235	irs
临沧市	0.054	0.237	0.228	irs	0.067	0.232	0.288	irs	0.109	0.232	0.471	irs
成都市	0.602	1.000	0.602	drs	0.312	1.000	0.312	drs	0.427	1.000	0.427	drs
自贡市	0.683	0.703	0.971	irs	0.606	0.641	0.945	irs	0.795	1.000	0.795	drs
攀枝花市	0.339	0.807	0.420	irs	0.381	0.414	0.920	drs	0.512	0.579	0.885	drs
泸州市	0.462	0.467	0.989	irs	0.322	0.346	0.933	irs	0.458	0.635	0.722	drs
德阳市	1.000	1.000	1.000	—	0.540	0.856	0.631	irs	0.459	0.709	0.647	drs
绵阳市	0.820	1.000	0.820	drs	0.475	0.612	0.776	drs	0.595	0.999	0.596	drs
广元市	0.432	0.449	0.963	irs	0.346	0.491	0.705	irs	0.411	0.496	0.829	drs
遂宁市	0.746	0.754	0.990	irs	0.286	0.336	0.850	irs	0.385	0.488	0.788	drs
内江市	0.507	0.521	0.974	irs	0.437	0.466	0.936	irs	0.498	0.629	0.791	drs
乐山市	0.444	0.454	0.979	irs	0.405	0.406	0.998	irs	0.345	0.447	0.772	drs
南充市	0.466	0.578	0.807	drs	0.475	0.507	0.938	irs	0.313	0.446	0.701	drs
眉山市	0.472	0.476	0.991	irs	0.263	0.280	0.938	irs	0.269	0.311	0.866	drs
宜宾市	0.434	0.438	0.992	drs	0.369	0.429	0.862	drs	0.342	0.483	0.707	drs

续表

地区	第一产业				第二产业				第三产业			
	TE	PTE	SE	RS	TE	PTE	SE	RS	TE	PTE	SE	RS
广安市	0.448	0.453	0.989	irs	0.230	0.257	0.896	irs	0.331	0.435	0.760	drs
达州市	0.581	0.769	0.755	drs	0.212	0.225	0.942	irs	0.337	0.470	0.716	drs
雅安市	0.444	0.537	0.826	irs	0.103	0.132	0.783	irs	0.647	0.726	0.891	drs
巴中市	0.618	0.653	0.947	irs	0.160	0.297	0.539	irs	0.476	0.548	0.869	drs
资阳市	0.645	0.692	0.932	drs	0.540	0.600	0.899	irs	0.616	0.753	0.818	drs
阿坝州	0.304	0.612	0.496	irs	0.095	0.293	0.324	irs	0.293	0.364	0.804	irs
甘孜州	0.184	0.418	0.439	irs	0.088	0.585	0.150	irs	0.247	0.521	0.475	irs
凉山州	0.465	0.496	0.938	drs	0.239	0.258	0.930	irs	0.369	0.487	0.757	drs
贵阳市	0.319	0.372	0.857	irs	0.271	0.478	0.568	drs	0.380	0.644	0.590	drs
遵义市	0.654	1.000	0.654	drs	0.243	0.243	0.998	irs	0.755	1.000	0.755	drs
六盘水市	1.000	1.000	1.000	—	0.144	0.153	0.946	irs	0.822	1.000	0.822	drs
安顺市	0.356	0.467	0.763	irs	0.341	0.499	0.682	irs	0.720	0.813	0.885	drs
毕节市	0.339	0.347	0.977	irs	0.217	0.245	0.884	irs	0.343	0.417	0.823	drs
铜仁市	0.437	0.461	0.947	irs	0.115	0.195	0.593	irs	0.336	0.380	0.883	drs
黔西南州	0.336	0.407	0.826	irs	0.228	0.321	0.710	irs	0.424	0.476	0.890	drs
黔东南州	0.822	1.000	0.822	drs	0.123	0.181	0.679	irs	0.599	0.715	0.838	drs
黔南州	0.466	0.507	0.919	drs	0.341	0.421	0.812	irs	0.580	0.685	0.848	drs
平均值	0.480	0.589	0.831		0.303	0.471	0.693		0.447	0.604	0.761	

注:"irs"表示规模报酬递增;"drs"表示规模报酬递减;"—"表示规模报酬不变。本书余同

表 3.4　2008 年长江上游地区三次产业初始 DEA 指数及分解

地区	第一产业				第二产业				第三产业			
	TE	PTE	SE	RS	TE	PTE	SE	RS	TE	PTE	SE	RS
重庆主城区	0.675	0.696	0.970	irs	0.216	0.912	0.237	drs	0.321	0.954	0.336	drs
渝西地区	0.585	1.000	0.585	drs	0.249	0.970	0.256	drs	0.344	0.714	0.481	drs
渝东北地区	0.397	0.650	0.610	drs	0.211	0.359	0.589	drs	0.314	0.549	0.571	drs
渝东南地区	0.296	0.313	0.947	irs	0.135	0.191	0.707	irs	0.207	0.213	0.970	irs
昆明市	0.401	0.455	0.881	drs	0.244	0.899	0.272	drs	0.466	1.000	0.466	drs
曲靖市	0.319	0.468	0.682	drs	0.247	0.455	0.544	drs	0.307	0.442	0.694	drs
玉溪市	0.374	0.414	0.904	irs	0.550	0.875	0.628	drs	0.542	0.636	0.852	drs
保山市	0.447	0.472	0.948	irs	0.121	0.261	0.465	irs	0.396	0.409	0.970	irs

续表

地区	第一产业				第二产业				第三产业			
	TE	PTE	SE	RS	TE	PTE	SE	RS	TE	PTE	SE	RS
昭通市	0.335	0.350	0.958	irs	0.151	0.217	0.695	irs	0.331	0.339	0.976	irs
楚雄州	0.111	0.191	0.583	irs	0.060	0.219	0.274	irs	0.194	0.209	0.926	irs
红河州	0.169	0.181	0.933	irs	0.042	0.098	0.427	irs	0.128	0.136	0.941	irs
文山州	0.270	0.294	0.919	irs	0.095	0.196	0.484	irs	0.188	0.202	0.933	irs
普洱市	0.508	0.519	0.979	irs	0.325	0.409	0.795	irs	0.529	0.546	0.969	irs
西双版纳州	1.000	1.000	1.000	—	1.000	1.000	1.000	—	1.000	1.000	1.000	—
大理州	0.381	0.396	0.963	irs	0.132	0.227	0.580	irs	0.347	0.354	0.979	irs
德宏州	0.571	0.640	0.892	irs	0.136	0.400	0.340	irs	0.444	0.476	0.933	irs
丽江市	1.000	1.000	1.000	—	0.347	0.437	0.795	irs	1.000	1.000	1.000	—
怒江州	0.773	1.000	0.773	irs	0.343	1.000	0.343	irs	0.913	1.000	0.913	irs
迪庆州	0.212	1.000	0.212	irs	0.091	1.000	0.091	irs	0.248	0.739	0.336	irs
临沧市	0.073	0.306	0.240	irs	0.054	0.301	0.181	irs	0.138	0.425	0.326	irs
成都市	0.737	1.000	0.737	drs	0.213	1.000	0.213	drs	0.413	1.000	0.413	drs
自贡市	0.520	0.529	0.983	irs	0.490	0.530	0.925	irs	0.797	0.838	0.951	drs
攀枝花市	0.380	0.848	0.448	irs	0.323	0.326	0.989	irs	0.405	0.412	0.984	irs
泸州市	0.548	0.556	0.986	drs	0.279	0.306	0.914	irs	0.512	0.577	0.887	drs
德阳市	0.937	1.000	0.937	drs	0.403	0.734	0.549	drs	0.555	0.703	0.789	drs
绵阳市	0.729	1.000	0.729	drs	0.410	0.520	0.788	drs	0.540	0.854	0.633	drs
广元市	0.391	0.406	0.963	irs	0.163	0.294	0.555	irs	0.402	0.412	0.976	irs
遂宁市	0.639	0.664	0.962	drs	0.223	0.273	0.815	irs	0.404	0.410	0.986	irs
内江市	0.634	0.642	0.987	irs	0.368	0.403	0.912	irs	0.555	0.556	0.998	irs
乐山市	0.427	0.433	0.987	irs	0.249	0.251	0.992	irs	0.454	0.457	0.993	drs
南充市	0.470	0.676	0.695	drs	0.328	0.352	0.933	irs	0.369	0.476	0.776	drs
眉山市	0.446	0.468	0.953	drs	0.194	0.215	0.901	irs	0.314	0.317	0.988	irs
宜宾市	0.445	0.501	0.889	drs	0.288	0.401	0.719	drs	0.404	0.473	0.855	drs
广安市	0.432	0.469	0.922	drs	0.219	0.258	0.849	irs	0.407	0.408	0.999	drs
达州市	0.469	0.659	0.712	drs	0.158	0.168	0.941	irs	0.343	0.415	0.825	drs
雅安市	0.428	0.587	0.729	irs	0.080	0.118	0.676	irs	0.550	0.577	0.954	irs
巴中市	0.465	0.475	0.978	irs	0.186	0.413	0.451	irs	0.496	0.513	0.968	irs
资阳市	0.533	0.614	0.868	drs	0.418	0.473	0.884	irs	0.552	0.556	0.992	irs

地区	第一产业				第二产业				第三产业			
	TE	PTE	SE	RS	TE	PTE	SE	RS	TE	PTE	SE	RS
阿坝州	0.261	0.579	0.451	irs	0.054	0.457	0.118	irs	0.242	0.354	0.683	irs
甘孜州	0.173	0.461	0.375	irs	0.115	0.662	0.173	irs	0.222	0.332	0.669	irs
凉山州	0.491	0.630	0.779	drs	0.166	0.181	0.915	irs	0.419	0.477	0.878	drs
贵阳市	0.379	0.443	0.856	irs	0.183	0.389	0.471	drs	0.389	0.760	0.512	drs
遵义市	0.930	1.000	0.930	drs	0.223	0.227	0.983	irs	0.909	1.000	0.909	drs
六盘水市	0.688	0.989	0.696	irs	0.148	0.164	0.908	irs	0.761	0.767	0.993	irs
安顺市	0.638	0.736	0.867	irs	0.180	0.365	0.492	irs	0.688	0.711	0.968	irs
毕节市	0.764	0.812	0.941	drs	0.171	0.221	0.772	irs	0.474	0.476	0.996	irs
铜仁市	0.799	0.808	0.989	irs	0.086	0.197	0.439	irs	0.381	0.394	0.966	irs
黔西南州	0.616	0.667	0.924	irs	0.177	0.300	0.591	irs	0.456	0.475	0.960	irs
黔东南州	1.000	1.000	1.000	—	0.106	0.197	0.540	irs	0.481	0.490	0.983	irs
黔南州	0.802	0.821	0.977	irs	0.216	0.315	0.686	irs	0.465	0.479	0.969	irs
平均值	0.521	0.636	0.825		0.231	0.423	0.616		0.454	0.560	0.841	

表 3.5　2011 年长江上游地区三次产业初始 DEA 指数及分解

地区	第一产业				第二产业				第三产业			
	TE	PTE	SE	RS	TE	PTE	SE	RS	TE	PTE	SE	RS
重庆主城区	0.726	0.767	0.947	irs	0.195	0.941	0.207	drs	0.447	0.886	0.504	drs
渝西地区	0.609	1.000	0.609	drs	0.175	0.643	0.272	drs	0.308	0.535	0.575	drs
渝东北地区	0.314	0.525	0.599	drs	0.144	0.285	0.508	drs	0.287	0.450	0.637	drs
渝东南地区	0.263	0.292	0.901	irs	0.106	0.157	0.676	irs	0.259	0.328	0.792	drs
昆明市	0.373	0.388	0.962	drs	0.188	1.000	0.188	drs	0.406	0.792	0.513	drs
曲靖市	0.317	0.576	0.550	drs	0.218	0.363	0.601	drs	0.264	0.367	0.719	drs
玉溪市	0.353	0.399	0.884	irs	0.438	0.604	0.725	drs	0.381	0.393	0.971	drs
保山市	0.480	0.497	0.966	irs	0.123	0.297	0.414	irs	0.342	0.370	0.924	irs
昭通市	0.296	0.305	0.971	irs	0.112	0.175	0.643	irs	0.237	0.253	0.940	irs
楚雄州	0.113	0.210	0.537	irs	0.040	0.187	0.216	irs	0.145	0.183	0.793	irs
红河州	0.154	0.186	0.830	irs	0.035	0.108	0.324	irs	0.121	0.128	0.946	irs
文山州	0.297	0.322	0.923	irs	0.095	0.227	0.419	irs	0.184	0.202	0.911	irs
普洱市	0.490	0.493	0.993	irs	0.284	0.356	0.798	irs	0.369	0.386	0.956	irs

地区	第一产业				第二产业				第三产业			
	TE	PTE	SE	RS	TE	PTE	SE	RS	TE	PTE	SE	RS
西双版纳州	1.000	1.000	1.000	—	1.000	1.000	1.000	—	1.000	1.000	1.000	—
大理州	0.390	0.398	0.979	irs	0.110	0.216	0.509	irs	0.301	0.318	0.946	irs
德宏州	0.480	0.620	0.774	irs	0.143	0.447	0.320	irs	0.346	0.401	0.864	irs
丽江市	1.000	1.000	1.000	—	0.341	0.435	0.784	irs	0.732	0.909	0.805	drs
怒江州	0.714	1.000	0.714	irs	0.228	1.000	0.228	irs	1.000	1.000	1.000	—
迪庆州	0.313	1.000	0.313	irs	0.185	1.000	0.185	irs	0.470	0.810	0.580	irs
临沧市	0.070	0.285	0.244	irs	0.043	0.277	0.154	irs	0.099	0.276	0.357	irs
成都市	0.762	1.000	0.762	drs	0.234	1.000	0.234	drs	0.537	1.000	0.537	drs
自贡市	0.459	0.485	0.946	irs	0.510	0.545	0.936	irs	0.666	0.723	0.922	drs
攀枝花市	0.330	0.709	0.465	irs	0.302	0.308	0.979	irs	0.423	0.435	0.973	irs
泸州市	0.641	0.721	0.889	drs	0.276	0.290	0.952	irs	0.451	0.468	0.963	drs
德阳市	0.588	0.715	0.822	drs	0.338	0.660	0.513	drs	0.375	0.471	0.795	drs
绵阳市	0.556	0.905	0.614	drs	0.362	0.625	0.578	drs	0.383	0.584	0.656	drs
广元市	0.322	0.374	0.861	irs	0.172	0.304	0.565	irs	0.247	0.263	0.939	irs
遂宁市	0.566	0.584	0.969	irs	0.220	0.267	0.825	irs	0.321	0.336	0.956	irs
内江市	0.590	0.622	0.948	irs	0.367	0.393	0.933	irs	0.481	0.489	0.983	irs
乐山市	0.382	0.411	0.929	irs	0.254	0.322	0.791	drs	0.446	0.446	0.999	—
南充市	0.549	1.000	0.549	drs	0.313	0.322	0.970	irs	0.322	0.393	0.819	drs
眉山市	0.409	0.419	0.975	irs	0.202	0.222	0.912	irs	0.351	0.364	0.965	irs
宜宾市	0.499	0.661	0.755	drs	0.285	0.496	0.574	drs	0.423	0.477	0.887	drs
广安市	0.425	0.459	0.927	drs	0.260	0.300	0.866	irs	0.414	0.417	0.993	irs
达州市	0.426	0.881	0.483	drs	0.194	0.198	0.981	irs	0.323	0.360	0.899	drs
雅安市	0.382	0.578	0.661	irs	0.105	0.162	0.647	irs	0.281	0.318	0.883	irs
巴中市	0.395	0.409	0.965	irs	0.208	0.439	0.475	irs	0.339	0.372	0.910	irs
资阳市	0.465	0.480	0.968	drs	0.385	0.423	0.909	irs	0.403	0.412	0.977	irs
阿坝州	0.240	0.425	0.565	irs	0.114	0.380	0.301	irs	0.175	0.250	0.701	irs
甘孜州	0.240	0.613	0.392	rs	0.152	0.519	0.293	irs	0.278	0.466	0.596	irs
凉山州	0.536	1.000	0.536	drs	0.141	0.144	0.975	irs	0.535	0.562	0.953	drs
贵阳市	0.369	0.418	0.883	irs	0.145	0.344	0.423	drs	0.386	0.671	0.576	drs
遵义市	0.573	1.000	0.573	drs	0.205	0.206	0.995	irs	0.641	0.964	0.664	drs

地区	第一产业				第二产业				第三产业			
	TE	PTE	SE	RS	TE	PTE	SE	RS	TE	PTE	SE	RS
六盘水市	0.807	1.000	0.807	irs	0.147	0.169	0.870	irs	0.593	0.601	0.985	irs
安顺市	0.733	0.847	0.865	irs	0.158	0.387	0.407	irs	0.596	0.643	0.927	irs
毕节市	0.596	0.882	0.676	drs	0.127	0.168	0.753	irs	0.275	0.277	0.996	irs
铜仁市	0.751	0.755	0.995	irs	0.072	0.191	0.375	irs	0.282	0.303	0.931	irs
黔西南州	0.558	0.604	0.924	irs	0.145	0.278	0.522	irs	0.331	0.360	0.919	irs
黔东南州	0.836	0.859	0.973	irs	0.104	0.225	0.461	irs	0.385	0.387	0.995	drs
黔南州	0.663	0.679	0.977	irs	0.171	0.262	0.654	irs	0.287	0.308	0.932	irs
平均值	0.488	0.635	0.787		0.217	0.405	0.597		0.393	0.482	0.839	

表 3.6　2014 年长江上游地区三次产业初始 DEA 指数及分解

地区	第一产业				第二产业				第三产业			
	TE	PTE	SE	RS	TE	PTE	SE	RS	TE	PTE	SE	RS
重庆主城区	0.834	0.874	0.954	irs	0.139	0.852	0.163	drs	0.447	0.846	0.528	drs
渝西地区	0.658	1.000	0.658	drs	0.096	0.526	0.183	drs	0.329	0.591	0.556	drs
渝东北地区	0.317	0.394	0.804	drs	0.089	0.232	0.385	drs	0.306	0.574	0.533	drs
渝东南地区	0.271	0.295	0.918	irs	0.078	0.123	0.634	irs	0.242	0.381	0.636	drs
昆明市	0.377	0.394	0.957	drs	0.294	1.000	0.294	drs	0.427	0.855	0.499	drs
曲靖市	0.317	0.654	0.484	drs	0.129	0.177	0.730	drs	0.337	0.421	0.801	drs
玉溪市	0.366	0.437	0.837	irs	0.294	0.297	0.988	irs	0.524	0.525	0.998	irs
保山市	0.352	0.396	0.888	irs	0.098	0.299	0.328	irs	0.401	0.419	0.957	irs
昭通市	0.339	0.380	0.893	irs	0.072	0.136	0.532	irs	0.292	0.306	0.955	irs
楚雄州	0.111	0.224	0.494	irs	0.022	0.171	0.129	irs	0.160	0.185	0.868	irs
红河州	0.141	0.183	0.772	irs	0.023	0.102	0.221	irs	0.126	0.131	0.962	irs
文山州	0.222	0.279	0.796	irs	0.079	0.234	0.338	irs	0.222	0.233	0.954	irs
普洱市	0.334	0.355	0.941	irs	0.287	0.322	0.891	irs	0.438	0.452	0.969	irs
西双版纳州	1.000	1.000	1.000	—	1.000	1.000	1.000	—	1.000	1.000	1.000	—
大理州	0.298	0.324	0.921	irs	0.078	0.185	0.418	irs	0.316	0.327	0.967	irs
德宏州	0.444	0.623	0.712	irs	0.120	0.527	0.228	irs	0.375	0.404	0.930	irs
丽江市	1.000	1.000	1.000	—	0.390	0.448	0.870	irs	0.929	0.937	0.992	drs
怒江州	0.491	1.000	0.491	irs	0.176	1.000	0.176	irs	1.000	1.000	1.000	—

续表

地区	第一产业				第二产业				第三产业			
	TE	PTE	SE	RS	TE	PTE	SE	RS	TE	PTE	SE	RS
迪庆州	0.389	1.000	0.389	irs	0.258	1.000	0.258	irs	0.466	0.745	0.626	irs
临沧市	0.044	0.260	0.171	irs	0.029	0.229	0.125	irs	0.092	0.214	0.429	irs
成都市	0.747	1.000	0.747	drs	0.155	1.000	0.155	drs	0.577	1.000	0.577	drs
自贡市	0.460	0.484	0.951	irs	0.251	0.289	0.867	irs	0.595	0.595	0.999	—
攀枝花市	0.308	0.632	0.487	irs	0.199	0.205	0.971	irs	0.428	0.637	0.673	drs
泸州市	0.446	0.482	0.926	drs	0.112	0.122	0.918	irs	0.423	0.424	0.999	irs
德阳市	0.595	0.647	0.920	drs	0.163	0.379	0.430	drs	0.474	0.533	0.890	drs
绵阳市	0.547	0.622	0.880	drs	0.249	0.502	0.497	drs	0.495	0.666	0.742	drs
广元市	0.323	0.350	0.922	irs	0.087	0.194	0.449	irs	0.299	0.308	0.971	irs
遂宁市	0.569	0.588	0.968	drs	0.110	0.147	0.743	irs	0.279	0.281	0.994	irs
内江市	0.566	0.594	0.953	irs	0.190	0.220	0.865	irs	0.435	0.441	0.986	irs
乐山市	0.381	0.412	0.925	irs	0.166	0.167	0.997	—	0.427	0.429	0.996	irs
南充市	0.508	0.914	0.556	drs	0.194	0.209	0.931	irs	0.290	0.348	0.833	drs
眉山市	0.407	0.433	0.940	irs	0.121	0.142	0.854	irs	0.330	0.337	0.978	irs
宜宾市	0.309	0.309	0.999	—	0.150	0.251	0.600	drs	0.383	0.397	0.965	drs
广安市	0.358	0.374	0.957	irs	0.143	0.180	0.796	irs	0.384	0.387	0.993	irs
达州市	0.385	0.705	0.546	drs	0.123	0.130	0.948	irs	0.312	0.317	0.985	drs
雅安市	0.323	0.431	0.749	irs	0.097	0.166	0.582	irs	0.309	0.335	0.923	irs
巴中市	0.367	0.385	0.954	irs	0.106	0.284	0.372	irs	0.215	0.217	0.990	irs
资阳市	0.408	0.408	1.000	—	0.171	0.200	0.856	irs	0.323	0.329	0.983	irs
阿坝州	0.245	0.458	0.534	irs	0.193	0.458	0.421	irs	0.185	0.265	0.697	irs
甘孜州	0.181	0.728	0.248	irs	0.293	0.788	0.371	irs	0.283	0.414	0.683	irs
凉山州	0.481	1.000	0.481	drs	0.163	0.166	0.985	irs	0.444	0.446	0.994	irs
贵阳市	0.389	0.425	0.915	irs	0.152	0.398	0.381	drs	0.403	0.785	0.513	drs
遵义市	0.307	0.515	0.597	drs	0.099	0.121	0.816	drs	0.503	0.709	0.710	drs
六盘水市	0.150	0.208	0.722	irs	0.153	0.165	0.928	irs	0.394	0.396	0.996	irs
安顺市	0.357	0.571	0.626	RS	0.101	0.321	0.315	RS	0.510	0.528	0.965	irs
毕节市	0.259	0.452	0.574	drs	0.107	0.159	0.675	irs	0.292	0.294	0.992	drs
铜仁市	0.325	0.332	0.979	irs	0.061	0.165	0.370	irs	0.222	0.228	0.971	irs
黔西南州	0.392	0.516	0.759	irs	0.098	0.231	0.423	irs	0.283	0.295	0.961	irs

续表

地区	第一产业				第二产业				第三产业			
	TE	PTE	SE	RS	TE	PTE	SE	RS	TE	PTE	SE	RS
黔东南州	0.412	0.455	0.906	irs	0.129	0.264	0.490	irs	0.520	0.862	0.603	drs
黔南州	0.404	0.439	0.920	irs	0.118	0.183	0.648	irs	0.211	0.218	0.967	irs
平均值	0.404	0.539	0.774		0.164	0.341	0.571		0.393	0.479	0.854	

由表 3.3～表 3.6 可知，在不考虑环境变量和随机因素的影响下，2005 年、2008 年、2011 年、2014 年，长江上游地区第一产业综合技术效率平均值分别为 0.480、0.521、0.488 和 0.404，纯技术效率平均值分别为 0.589、0.636、0.635 和 0.539；规模效率平均值分别为 0.831、0.825、0.787 和 0.774。从地区数量来看，2005 年、2008 年、2011 年、2014 年，长江上游地区第一产业综合技术效率有效地区（即 TE=1）数量分别有 4 个、3 个、2 个和 2 个，其中西双版纳州、丽江市在各年份均有效；纯技术效率有效地区（即 PTE=1）数量分别有 11 个、10 个、10 个和 7 个，其中重庆渝西地区、西双版纳州、丽江市、怒江州、迪庆州和成都市在各年份均有效，而 2005 年有效地区如德阳市、绵阳市、遵义市、六盘水市和黔东南州则变化巨大，在 2014 年变为无效；规模效率有效地区（即 SE=1）数量分别有 4 个、3 个、2 个和 3 个，其中西双版纳州、丽江市在各年份均有效；规模报酬递减（即 drs=1）地区数量分别有 13 个、18 个、16 个和 13 个，差异较明显。

由表 3.3～表 3.6 可知，在不考虑环境变量和随机因素的影响下，2005 年、2008 年、2011 年、2014 年，长江上游地区第二产业综合技术效率平均值分别为 0.303、0.231、0.217 和 0.164，纯技术效率平均值分别为 0.471、0.423、0.405 和 0.341，规模效率平均值分别为 0.693、0.616、0.597 和 0.571。从地区数量来看，2005 年、2008 年、2011 年、2014 年，长江上游地区第二产业综合技术效率有效地区数量分别有 1 个、1 个、1 个和 1 个，即西双版纳州；规模效率有效地区数量分别有 1 个、1 个、1 个和 1 个，即西双版纳州；纯技术效率有效地区数量分别有 7 个、4 个、5 个和 5 个，其中西双版纳州、怒江州、迪庆州和成都市在各年份均有效，而 2005 年有效地区如渝西地区、玉溪市则变化巨大，在 2014 年变为无效；规模报酬递减的地区数量基本保持在 11～12 个，比较稳定。

由表 3.3～表 3.6 可知，在不考虑环境变量和随机因素的影响下，2005 年、2008 年、2011 年、2014 年，长江上游地区第三产业综合技术效率平均值分别为 0.447、0.454、0.393 和 0.393，纯技术效率平均值分别为 0.604、0.560、0.482 和 0.479，规模效率平均值分别为 0.761、0.841、0.839 和 0.854。从地区数量来看，2005 年、2008 年、2011 年、2014 年，长江上游地区第三产业综合技术效率有效地区数量分别有 2 个、2 个、2 个和 2 个；规模效率有效地区数量分别有 2 个、2 个、2 个和 2 个；纯技术效率有效地区数量分别有 9 个、6 个、3 个和 3 个，其中西双版纳州、怒江州、成都市在各年份均有效，但 2005 年有效地区如昆明市、丽江市、迪庆州、自贡市、遵义市和六盘水市则变化巨大，在 2014 年变为无效；规模报酬递减的地区数量分别有 43 个、19 个、20 个和 18 个，差异较明显。

综上所述，2005～2014 年，长江上游地区三次产业综合技术效率不高，距离效率前沿面尚有较大差距；综合技术效率受到纯技术效率影响程度要大于规模效率的影响程度，即纯技术效率偏低是导致长江上游地区三次产业综合技术效率偏低的主要原因。同时，由表 3.3～表 3.6 可知，仅西双版纳州在各年份的三次产业综合技术效率、纯技术效率、规模效率均为 1，即始终处于有效前沿面上，其他市区均存在效率损失。需要指出的是，该结论与现实情况及我们的直观感觉存在较大差距。因此，在评价长江上游地区三次产业综合技术效率时，必须要考虑环境因素和随机干扰的影响。

2. 第二阶段：随机前沿分析（SFA）回归结果

将第一阶段 DEA 实证结果中投入变量的冗余值作为第二阶段的产出（被解释变量），将经济发展水平、开放水平和产业结构三个环境变量作为投入变量（解释变量）进行 SFA 回归，采用 Frontier 4.1 软件完成。SFA 分析可以对管理因素和随机因素进行剥离分析。回归结果见表 3.7。由表 3.7 可知，2005 年、2008 年、2011 年、2014 年，三个环境变量对三次产业的两个投入松弛变量的影响各不相同，环境变量对资本存量松弛变量的系数大多能通过显著性检验，这说明环境变量对长江上游地区三次产业生产投入冗余存在显著影响。这表明管理因素和随机因素对长江上游地区三次产业综合技术效率存在显著影响，因此需要使用 SFA 回归方程进行排除。

冗余值的存在表示投入变量存在效率改进的空间，即通过改良管理或缩减投入可以达到已有的产出水平。若环境变量与冗余值变量存在正相关，说明增加环境变量会导致冗余值的增多，不利于提升效率；若环境变量与冗余值变量存在负相关，说明增加此环境变量值会导致冗余值的减少，有利于提升效率。

（1）经济发展水平。由表 3.7 可知，2005～2014 年，经济发展水平对第一、第三产业的投入松弛变量的回归系数多为负数且显著；对第二产业的投入松弛变量的回归系数多为正数。表明经济发展水平越高，第一、第三产业的资本和劳动投入浪费可能越小，而第二产业的资本和劳动投入浪费可能越大。因此经济发展水平越高，越有利于长江上游地区第一、第三产业综合技术效率提升，但可能不利于长江上游地区第二产业综合技术效率提升。主要原因是：经济发展水平越高的地区，为长江上游地区有效解决"三农问题"提供了更多的资本、高素质劳动力等资源支持；同时，随着经济发展水平的提高，生产要素投入从第二产业逐渐转向第三产业，有利于第三产业综合技术效率提升；但是，经济发展会造成第二产业企业家投资冲动，企业家往往认为扩大生产规模就能实现更高的收益，但盲目投资往往演变成粗放式增长，对第二产业生产效率的作用可能适得其反。

（2）开放水平。由表 3.7 可知，2005～2014 年，开放水平对第二产业的投入松弛变量的回归系数均为负数，且绝大多数显著；对第一产业的投入松弛变量的回归系数为正，且近半数值显著。表明提高地区经济开放水平（出口贸易）有助于长江上游地区第二产业综合技术效率提升，但可能不利于长江上游地区第一产业综合技术效率提升。这意味着，提高地区经济开放水平是促进长江上游地区第二产业综合技术效率的有效途径。

（3）产业结构。由表 3.7 可知，2005～2014 年，产业结构对第二产业投入松弛变量的回归系数多为正数，且多数显著；对第三产业投入松弛变

表 3.7　长江上游地区三次产业 SFA 回归结果

产业	指标	资本存量松弛变量				劳动力松弛变量			
		2005 年	2008 年	2011 年	2014 年	2005 年	2008 年	2011 年	2014 年
第一产业	常数项	7.77	1.69×10	1.15	-1.61×10^2	8.96^{**}	5.59×10	$7.88 \times 10^{***}$	9.81^{***}
	经济发展水平	-3.80×10^{-4}	8.31×10^{-4}	1.38×10^{-3}	$-1.67 \times 10^{-3*}$	$-4.56 \times 10^{-3*}$	$-9.57 \times 10^{-4*}$	$-1.40 \times 10^{-3*}$	$-1.56 \times 10^{-3*}$
	开放水平	$2.25 \times 10^{-4***}$	2.37×10^{-5}	$2.99 \times 10^{-5*}$	$6.44 \times 10^{-5***}$	1.96×10^{-4}	-2.29×10^{-5}	2.65×10^{-6}	8.93×10^{-7}
	产业结构	$5.64 \times 10^{-2**}$	-1.97×10^{-1}	-9.74×10^{-2}	$3.51 \times 10^{-2**}$	-2.61×10^{-2}	3.58×10^{-2}	6.58×10^{-2}	1.18×10
第二产业	常数项	-9.23×10	-2.81×10	$-3.59 \times 10^{2***}$	$-9.14 \times 10^{2***}$	1.72×10	-1.61×10	3.03×10	$2.39 \times 10^{***}$
	经济发展水平	-3.95×10^{-3}	-5.31×10^{-5}	$1.69 \times 10^{-3*}$	3.42×10^{-3}	-8.03×10^{-4}	1.59×10^{-4}	6.84×10^{-4}	$2.78 \times 10^{-4*}$
	开放水平	$-3.97 \times 10^{-4*}$	$-2.28 \times 10^{-4*}$	$-1.94 \times 10^{-4*}$	$-1.32 \times 10^{-4*}$	-3.65×10^{-5}	$-5.88 \times 10^{-5***}$	$-2.36 \times 10^{-5***}$	-6.76×10^{-6}
	产业结构	$2.93 \times 10^{-2**}$	$2.89 \times 10^{-2*}$	$8.52 \times 10^{-2***}$	$1.85 \times 10^{-2***}$	1.53×10^{-1}	6.69×10^{-1}	-1.22×10^{-1}	1.18×10^{-1}
第三产业	常数项	5.95×10	1.45×10^2	$2.03 \times 10^{2***}$	$-8.37 \times 10^{2***}$	$5.47 \times 10^{***}$	$5.51 \times 10^{***}$	$-7.35 \times 10^{***}$	$-1.91 \times 10^{**}$
	经济发展水平	-1.70×10^{-3}	$6.22 \times 10^{-3*}$	$1.71 \times 10^{-2**}$	-3.36×10^{-4}	-7.23×10^{-4}	$-1.28 \times 10^{-3*}$	$-1.29 \times 10^{-3*}$	-9.35×10^{-4}
	开放水平	$1.01 \times 10^{-3*}$	9.83×10^{-5}	1.99×10^{-4}	1.68×10^{-4}	-4.14×10^{-6}	-4.57×10^{-6}	-7.01×10^{-6}	9.21×10^{-7}
	产业结构	5.38×10^{-1}	-3.00×10^{-1}	-4.57×10^{-1}	2.21×10^{-1}	$-3.80 \times 10^{-1***}$	-6.88×10^{-2}	$1.82 \times 10^{-2**}$	1.21×10

$*p<0.10$，$**p<0.05$，$***p<0.01$

量的回归系数多为正数，且近半数显著。表明第二、第三产业比重的增加将消耗大量的资金，可能不利于长江上游地区第二、第三产业综合技术效率提升。因此，降低第二、第三产业比重可能是提升长江上游地区第二产业综合技术效率的有效途径。

综上所述，三个环境变量及随机因素对长江上游地区三次产业综合技术效率的影响不同，这可能导致一些面临较好经营环境或较好运气的地区具有较佳的效率表现，而一些面临较差经营环境或较差运气的地区具有较差的效率表现。因此，必须调整原投入变量，使所有地区在面临同样的经营环境与经营运气下，考察三次产业真实的效率。

3. 第三阶段调整的 DEA：对投入进行调整后的 BCC 模型分析

将调整后的投入变量和原始产出变量代入 BCC 模型，利用 DEAP 2.1 软件再次进行运算，获得排除环境因素与随机误差干扰的各效率值及规模报酬状态，结果见表 3.8～表 3.11。

表 3.8　2005 年长江上游地区三次产业最终 DEA 指数及分解

地区	第一产业				第二产业				第三产业			
	TE	PTE	SE	RS	TE	PTE	SE	RS	TE	PTE	SE	RS
重庆主城区	0.523	1.000	0.523	irs	0.995	0.999	0.996	irs	0.898	1.000	0.898	irs
渝西地区	1.000	1.000	1.000	—	1.000	1.000	1.000	—	0.922	0.999	0.924	irs
渝东北地区	0.851	0.996	0.854	irs	0.943	0.999	0.944	irs	0.645	0.999	0.645	irs
渝东南地区	0.413	0.991	0.417	irs	0.381	1.000	0.381	irs	0.266	1.000	0.266	irs
昆明市	0.663	1.000	0.663	irs	0.880	1.000	0.880	irs	1.000	1.000	1.000	—
曲靖市	0.700	0.979	0.715	irs	0.945	0.999	0.946	irs	0.483	0.999	0.483	irs
玉溪市	0.415	1.000	0.415	irs	0.962	1.000	0.962	irs	0.428	1.000	0.428	irs
保山市	0.400	0.991	0.403	irs	0.185	1.000	0.185	irs	0.203	1.000	0.203	irs
昭通市	0.435	0.982	0.442	irs	0.387	1.000	0.387	irs	0.246	0.999	0.246	irs
楚雄州	0.146	0.991	0.147	irs	0.113	1.000	0.113	irs	0.129	0.999	0.129	irs
红河州	0.348	0.992	0.350	irs	0.191	1.000	0.191	irs	0.180	0.999	0.181	irs
文山州	0.344	0.983	0.351	irs	0.189	1.000	0.189	irs	0.138	0.999	0.138	irs
普洱市	0.468	0.990	0.473	irs	0.473	1.000	0.473	irs	0.272	1.000	0.272	irs

续表

地区	第一产业				第二产业				第三产业			
	TE	PTE	SE	RS	TE	PTE	SE	RS	TE	PTE	SE	RS
西双版纳州	0.540	1.000	0.540	irs	0.885	1.000	0.885	irs	0.359	1.000	0.359	irs
大理州	0.442	0.986	0.448	irs	0.275	1.000	0.275	irs	0.246	1.000	0.246	irs
德宏州	0.277	0.996	0.278	irs	0.117	1.000	0.117	irs	0.144	1.000	0.144	irs
丽江市	0.618	1.000	0.618	irs	0.471	1.000	0.471	irs	0.361	1.000	0.361	irs
怒江州	0.197	1.000	0.197	irs	0.084	1.000	0.084	irs	0.121	1.000	0.121	irs
迪庆州	0.048	1.000	0.048	irs	0.049	1.000	0.049	irs	0.049	1.000	0.049	irs
临沧市	0.054	0.992	0.055	irs	0.067	1.000	0.067	irs	0.057	1.000	0.057	irs
成都市	1.000	1.000	1.000	—	1.000	1.000	1.000	—	1.000	1.000	1.000	—
自贡市	0.509	0.997	0.510	irs	0.672	1.000	0.672	irs	0.409	1.000	0.409	irs
攀枝花市	0.120	1.000	0.120	irs	0.898	0.998	0.899	irs	0.272	1.000	0.272	irs
泸州市	0.628	0.991	0.634	irs	0.635	1.000	0.635	irs	0.410	1.000	0.410	irs
德阳市	0.770	1.000	0.770	irs	0.967	0.999	0.968	irs	0.494	1.000	0.494	irs
绵阳市	0.832	1.000	0.832	irs	0.937	0.999	0.938	irs	0.605	1.000	0.605	irs
广元市	0.444	0.992	0.447	irs	0.270	1.000	0.270	irs	0.239	1.000	0.239	irs
遂宁市	0.593	0.997	0.595	irs	0.451	1.000	0.451	irs	0.280	1.000	0.280	irs
内江市	0.534	0.995	0.537	irs	0.645	1.000	0.645	irs	0.347	1.000	0.347	irs
乐山市	0.518	0.995	0.521	irs	0.872	1.000	0.872	irs	0.368	0.999	0.368	irs
南充市	0.812	0.994	0.817	irs	0.651	1.000	0.651	irs	0.441	0.999	0.441	irs
眉山市	0.583	0.992	0.588	irs	0.649	1.000	0.650	irs	0.284	0.999	0.284	irs
宜宾市	0.688	0.998	0.690	irs	0.912	0.998	0.913	irs	0.431	0.999	0.432	irs
广安市	0.604	0.989	0.610	irs	0.541	1.000	0.541	irs	0.355	0.999	0.355	irs
达州市	0.845	0.993	0.851	irs	0.661	1.000	0.661	irs	0.427	0.999	0.428	irs
雅安市	0.282	1.000	0.282	irs	0.351	1.000	0.351	irs	0.182	1.000	0.182	irs
巴中市	0.503	0.992	0.507	irs	0.157	1.000	0.157	irs	0.207	1.000	0.207	irs
资阳市	0.733	0.998	0.735	irs	0.548	1.000	0.548	irs	0.310	1.000	0.310	irs
阿坝州	0.150	1.000	0.150	irs	0.184	1.000	0.184	irs	0.134	1.000	0.134	irs
甘孜州	0.113	0.995	0.114	RS	0.100	1.000	0.100	RS	0.099	1.000	0.099	RS
凉山州	0.749	0.995	0.753	irs	0.625	1.000	0.625	irs	0.398	0.999	0.398	irs
贵阳市	0.344	1.000	0.344	irs	0.957	0.998	0.959	irs	0.709	0.999	0.709	irs
遵义市	0.784	0.994	0.788	irs	0.870	1.000	0.870	irs	0.545	1.000	0.545	irs

地区	第一产业				第二产业				第三产业			
	TE	PTE	SE	RS	TE	PTE	SE	RS	TE	PTE	SE	RS
六盘水市	0.161	1.000	0.161	irs	0.672	1.000	0.672	irs	0.299	1.000	0.299	irs
安顺市	0.228	0.993	0.230	irs	0.251	1.000	0.251	irs	0.187	1.000	0.187	irs
毕节市	0.626	0.982	0.637	irs	0.515	1.000	0.515	irs	0.296	1.000	0.297	irs
铜仁市	0.504	0.990	0.509	irs	0.187	1.000	0.187	irs	0.190	1.000	0.190	irs
黔西南州	0.330	0.989	0.334	irs	0.274	1.000	0.274	irs	0.182	1.000	0.182	irs
黔东南州	0.392	1.000	0.392	irs	0.247	1.000	0.247	irs	0.256	1.000	0.256	irs
黔南州	0.436	0.993	0.439	irs	0.391	1.000	0.391	irs	0.239	1.000	0.239	irs
平均值	0.494	0.994	0.497		0.534	1.000	0.534		0.355	1.000	0.355	

表 3.9　2008 年长江上游地区三次产业最终 DEA 指数及分解

地区	第一产业				第二产业				第三产业			
	TE	PTE	SE	RS	TE	PTE	SE	RS	TE	PTE	SE	RS
重庆主城区	0.510	1.000	0.510	irs	0.999	1.000	1.000	—	0.895	0.994	0.900	irs
渝西地区	1.000	1.000	1.000	—	1.000	1.000	1.000	—	0.842	1.000	0.842	irs
渝东北地区	0.820	1.000	0.820	irs	0.995	0.999	0.996	irs	0.602	1.000	0.602	irs
渝东南地区	0.411	1.000	0.411	irs	0.403	1.000	0.403	irs	0.257	0.998	0.257	irs
昆明市	0.668	1.000	0.668	irs	0.999	1.000	1.000	—	0.900	1.000	0.900	irs
曲靖市	0.726	1.000	0.727	irs	0.997	0.999	0.997	irs	0.473	0.998	0.474	irs
玉溪市	0.431	1.000	0.431	irs	1.000	1.000	1.000	—	0.393	0.996	0.394	irs
保山市	0.430	1.000	0.430	irs	0.196	1.000	0.196	irs	0.206	1.000	0.206	irs
昭通市	0.420	1.000	0.420	irs	0.389	1.000	0.389	irs	0.226	1.000	0.226	irs
楚雄州	0.156	1.000	0.156	irs	0.102	1.000	0.102	irs	0.126	1.000	0.126	irs
红河州	0.376	1.000	0.376	irs	0.172	0.999	0.172	irs	0.170	0.999	0.170	irs
文山州	0.361	1.000	0.361	irs	0.208	1.000	0.208	irs	0.136	1.000	0.136	irs
普洱市	0.475	1.000	0.475	irs	0.520	0.999	0.521	irs	0.255	0.999	0.256	irs
西双版纳州	0.556	1.000	0.556	irs	1.000	1.000	1.000	—	0.346	1.000	0.346	irs
大理州	0.478	1.000	0.478	RS	0.279	1.000	0.279	irs	0.236	1.000	0.237	RS
德宏州	0.309	1.000	0.309	irs	0.126	1.000	0.126	irs	0.134	1.000	0.134	irs
丽江市	0.623	1.000	0.623	irs	0.520	0.999	0.521	irs	0.345	1.000	0.345	irs
怒江州	0.187	1.000	0.187	irs	0.128	1.000	0.128	irs	0.112	1.000	0.112	irs

续表

地区	第一产业				第二产业				第三产业			
	TE	PTE	SE	RS	TE	PTE	SE	RS	TE	PTE	SE	RS
迪庆州	0.049	1.000	0.049	irs	0.053	1.000	0.053	irs	0.064	1.000	0.064	irs
临沧市	0.061	1.000	0.061	irs	0.067	1.000	0.067	irs	0.054	1.000	0.054	irs
成都市	1.000	1.000	1.000	—	1.000	1.000	1.000	—	1.000	1.000	1.000	—
自贡市	0.530	1.000	0.530	irs	0.774	0.999	0.775	irs	0.390	0.998	0.391	irs
攀枝花市	0.125	1.000	0.125	irs	0.958	1.000	0.958	irs	0.254	1.000	0.254	irs
泸州市	0.624	1.000	0.624	irs	0.746	0.999	0.747	irs	0.390	0.999	0.390	irs
德阳市	0.693	1.000	0.693	irs	0.999	1.000	0.999	irs	0.434	0.998	0.435	irs
绵阳市	0.792	1.000	0.792	irs	0.998	0.999	0.999	irs	0.543	1.000	0.543	irs
广元市	0.442	1.000	0.442	irs	0.259	0.999	0.259	irs	0.224	1.000	0.224	irs
遂宁市	0.585	1.000	0.585	irs	0.551	0.999	0.552	irs	0.264	1.000	0.264	irs
内江市	0.540	1.000	0.540	irs	0.743	0.999	0.744	irs	0.332	1.000	0.332	irs
乐山市	0.515	1.000	0.515	irs	0.968	0.999	0.969	irs	0.354	1.000	0.354	irs
南充市	0.768	1.000	0.768	irs	0.794	0.999	0.795	irs	0.423	1.000	0.423	irs
眉山市	0.592	1.000	0.592	irs	0.714	0.999	0.715	irs	0.274	1.000	0.275	irs
宜宾市	0.657	1.000	0.657	irs	0.997	0.999	0.998	irs	0.408	0.998	0.409	irs
广安市	0.607	1.000	0.607	irs	0.611	0.999	0.611	irs	0.347	1.000	0.348	irs
达州市	0.801	1.000	0.801	irs	0.811	0.999	0.812	irs	0.406	0.999	0.406	irs
雅安市	0.279	1.000	0.279	irs	0.367	1.000	0.367	irs	0.167	1.000	0.167	irs
巴中市	0.523	1.000	0.523	irs	0.187	1.000	0.187	irs	0.199	1.000	0.199	irs
资阳市	0.685	1.000	0.685	irs	0.681	0.999	0.681	irs	0.295	1.000	0.296	irs
阿坝州	0.126	1.000	0.126	irs	0.069	1.000	0.069	irs	0.090	1.000	0.090	irs
甘孜州	0.106	1.000	0.106	irs	0.105	1.000	0.105	irs	0.096	1.000	0.096	irs
凉山州	0.748	1.000	0.748	irs	0.747	0.999	0.748	irs	0.384	0.999	0.385	irs
贵阳市	0.375	1.000	0.375	irs	0.995	1.000	0.995	irs	0.682	0.997	0.684	irs
遵义市	0.741	1.000	0.741	irs	0.937	0.999	0.938	irs	0.527	1.000	0.527	irs
六盘水市	0.196	1.000	0.196	irs	0.729	1.000	0.729	irs	0.300	1.000	0.300	irs
安顺市	0.235	1.000	0.235	irs	0.214	1.000	0.214	irs	0.200	1.000	0.200	irs
毕节市	0.678	1.000	0.678	irs	0.485	0.999	0.486	irs	0.320	1.000	0.320	irs
铜仁市	0.500	1.000	0.500	irs	0.184	1.000	0.184	irs	0.195	1.000	0.195	irs
黔西南州	0.314	1.000	0.314	irs	0.288	1.000	0.288	irs	0.182	1.000	0.182	irs

地区	第一产业				第二产业				第三产业			
	TE	PTE	SE	RS	TE	PTE	SE	RS	TE	PTE	SE	RS
黔东南州	0.435	1.000	0.435	irs	0.247	1.000	0.248	irs	0.251	1.000	0.251	irs
黔南州	0.443	1.000	0.443	irs	0.379	1.000	0.379	irs	0.204	1.000	0.204	irs
平均值	0.494	1.000	0.494		0.574	1.000	0.574		0.338	0.999	0.338	

表 3.10　2011 年长江上游地区三次产业最终 DEA 指数及分解

地区	第一产业				第二产业				第三产业			
	TE	PTE	SE	RS	TE	PTE	SE	RS	TE	PTE	SE	RS
重庆主城区	0.488	0.997	0.490	irs	0.933	1.000	0.933	irs	0.845	0.999	0.846	irs
渝西地区	0.948	1.000	0.948	drs	0.905	0.999	0.906	irs	0.691	0.996	0.694	irs
渝东北地区	0.841	0.999	0.842	irs	0.714	0.999	0.715	irs	0.463	0.997	0.464	irs
渝东南地区	0.399	0.996	0.400	irs	0.274	1.000	0.274	irs	0.187	0.999	0.187	irs
昆明市	0.673	0.999	0.674	irs	0.833	1.000	0.833	irs	0.761	0.999	0.762	irs
曲靖市	0.782	1.000	0.782	irs	0.689	0.999	0.690	irs	0.350	0.997	0.351	irs
玉溪市	0.422	0.996	0.423	irs	0.668	1.000	0.669	irs	0.267	1.000	0.267	irs
保山市	0.439	1.000	0.439	irs	0.130	1.000	0.130	irs	0.147	0.999	0.148	irs
昭通市	0.442	1.000	0.442	irs	0.252	1.000	0.252	irs	0.162	0.997	0.163	irs
楚雄州	0.177	0.996	0.178	irs	0.058	1.000	0.058	irs	0.090	0.999	0.091	irs
红河州	0.357	0.996	0.359	irs	0.094	0.999	0.094	irs	0.127	0.996	0.127	irs
文山州	0.359	1.000	0.359	irs	0.132	1.000	0.132	irs	0.100	0.998	0.100	irs
普洱市	0.528	1.000	0.528	irs	0.376	1.000	0.376	irs	0.181	0.999	0.182	irs
西双版纳州	0.561	1.000	0.561	irs	0.641	1.000	0.641	irs	0.260	1.000	0.260	irs
大理州	0.474	1.000	0.474	irs	0.174	1.000	0.174	irs	0.169	0.998	0.169	irs
德宏州	0.309	0.999	0.309	irs	0.093	1.000	0.093	irs	0.102	1.000	0.102	irs
丽江市	0.643	1.000	0.643	irs	0.363	1.000	0.363	irs	0.260	1.000	0.260	irs
怒江州	0.176	1.000	0.176	irs	0.062	1.000	0.062	irs	0.096	1.000	0.096	irs
迪庆州	0.050	1.000	0.050	irs	0.038	1.000	0.038	irs	0.056	1.000	0.056	irs
临沧市	0.059	1.000	0.059	irs	0.042	1.000	0.042	irs	0.041	1.000	0.041	irs
成都市	1.000	1.000	1.000	—	1.000	1.000	1.000	—	1.000	1.000	1.000	—
自贡市	0.486	0.997	0.488	irs	0.538	1.000	0.539	irs	0.276	1.000	0.276	irs
攀枝花市	0.117	0.998	0.118	irs	0.605	1.000	0.605	irs	0.172	1.000	0.172	irs

续表

地区	第一产业				第二产业				第三产业			
	TE	PTE	SE	RS	TE	PTE	SE	RS	TE	PTE	SE	RS
泸州市	0.604	1.000	0.604	irs	0.562	0.999	0.562	irs	0.267	0.999	0.267	irs
德阳市	0.690	1.000	0.690	irs	0.715	1.000	0.715	irs	0.314	0.999	0.314	irs
绵阳市	0.788	1.000	0.788	irs	0.696	0.999	0.696	irs	0.398	0.999	0.398	irs
广元市	0.410	0.998	0.410	irs	0.204	1.000	0.204	irs	0.162	0.998	0.162	irs
遂宁市	0.543	0.999	0.544	irs	0.403	0.999	0.403	irs	0.181	0.998	0.181	irs
内江市	0.512	0.998	0.513	irs	0.533	1.000	0.534	irs	0.224	0.999	0.224	irs
乐山市	0.466	0.997	0.467	irs	0.659	1.000	0.659	irs	0.258	1.000	0.258	irs
南充市	0.790	1.000	0.790	irs	0.590	0.999	0.590	irs	0.304	0.998	0.305	irs
眉山市	0.556	0.997	0.558	irs	0.505	1.000	0.505	irs	0.193	0.998	0.193	irs
宜宾市	0.659	1.000	0.659	irs	0.697	0.999	0.697	irs	0.284	0.999	0.284	irs
广安市	0.587	1.000	0.587	irs	0.448	1.000	0.448	irs	0.244	0.999	0.244	irs
达州市	0.815	1.000	0.815	irs	0.607	0.999	0.607	irs	0.281	0.998	0.281	irs
雅安市	0.253	0.999	0.253	irs	0.255	1.000	0.255	irs	0.117	0.999	0.117	irs
巴中市	0.501	0.999	0.501	irs	0.158	1.000	0.158	irs	0.136	0.999	0.136	irs
资阳市	0.668	0.999	0.669	irs	0.502	1.000	0.502	irs	0.212	0.999	0.212	irs
阿坝州	0.125	0.999	0.125	irs	0.083	1.000	0.083	irs	0.068	0.999	0.068	irs
甘孜州	0.094	1.000	0.094	irs	0.066	1.000	0.066	irs	0.068	1.000	0.068	irs
凉山州	0.757	1.000	0.757	irs	0.596	0.999	0.596	irs	0.271	0.999	0.271	irs
贵阳市	0.371	0.997	0.373	irs	0.682	0.999	0.682	irs	0.565	0.999	0.565	irs
遵义市	0.736	1.000	0.736	irs	0.631	0.999	0.631	irs	0.391	1.000	0.391	irs
六盘水市	0.178	1.000	0.178	irs	0.453	1.000	0.453	irs	0.228	0.999	0.228	irs
安顺市	0.239	1.000	0.239	irs	0.127	1.000	0.127	irs	0.150	0.999	0.150	irs
毕节市	0.685	1.000	0.685	irs	0.335	0.999	0.335	irs	0.250	0.998	0.250	irs
铜仁市	0.535	1.000	0.535	irs	0.114	1.000	0.114	irs	0.153	0.998	0.153	irs
黔西南州	0.324	1.000	0.324	RS	0.181	1.000	0.181	RS	0.143	0.998	0.143	irs
黔东南州	0.448	1.000	0.448	irs	0.151	1.000	0.151	irs	0.197	0.999	0.197	irs
黔南州	0.463	1.000	0.463	irs	0.260	1.000	0.260	irs	0.154	0.998	0.155	irs
平均值	0.491	0.999	0.491		0.416	1.000	0.417		0.260	0.999	0.261	

表 3.11 2014 年长江上游地区三次产业最终 DEA 指数及分解

地区	第一产业				第二产业				第三产业			
	TE	PTE	SE	RS	TE	PTE	SE	RS	TE	PTE	SE	RS
重庆主城区	0.473	0.995	0.476	irs	0.926	0.998	0.928	irs	0.877	0.999	0.878	irs
渝西地区	1.000	1.000	1.000	—	0.855	0.997	0.858	irs	0.736	0.998	0.737	irs
渝东北地区	0.802	0.981	0.817	irs	0.596	0.994	0.599	irs	0.516	0.998	0.517	irs
渝东南地区	0.385	0.994	0.387	irs	0.212	0.998	0.212	irs	0.225	0.999	0.225	irs
昆明市	0.677	0.991	0.683	irs	0.844	1.000	0.844	irs	0.803	0.999	0.803	irs
曲靖市	0.789	0.987	0.799	irs	0.540	0.998	0.541	irs	0.390	0.999	0.391	irs
玉溪市	0.424	0.991	0.428	irs	0.512	1.000	0.512	irs	0.304	1.000	0.305	irs
保山市	0.448	0.991	0.452	irs	0.111	1.000	0.111	irs	0.187	1.000	0.187	irs
昭通市	0.457	0.996	0.459	irs	0.200	0.999	0.201	irs	0.182	0.999	0.182	irs
楚雄州	0.183	0.990	0.185	irs	0.040	0.999	0.040	irs	0.108	0.999	0.108	irs
红河州	0.363	0.964	0.377	irs	0.070	0.998	0.070	irs	0.152	0.998	0.152	irs
文山州	0.363	0.984	0.369	irs	0.114	0.999	0.114	irs	0.121	0.999	0.121	irs
普洱市	0.533	0.989	0.539	irs	0.339	0.999	0.339	irs	0.212	1.000	0.213	irs
西双版纳州	0.583	1.000	0.583	irs	0.523	1.000	0.523	irs	0.316	1.000	0.316	irs
大理州	0.483	0.991	0.487	irs	0.148	0.999	0.148	irs	0.205	0.999	0.206	irs
德宏州	0.312	0.994	0.314	irs	0.073	1.000	0.073	irs	0.127	1.000	0.127	irs
丽江市	0.659	1.000	0.659	irs	0.309	0.999	0.310	irs	0.291	1.000	0.291	irs
怒江州	0.175	1.000	0.175	irs	0.041	1.000	0.041	irs	0.111	1.000	0.111	irs
迪庆州	0.050	1.000	0.050	irs	0.030	1.000	0.030	irs	0.070	1.000	0.070	irs
临沧市	0.061	0.995	0.061	irs	0.037	1.000	0.037	irs	0.052	1.000	0.052	irs
成都市	1.000	1.000	1.000	—	1.000	1.000	1.000	—	1.000	1.000	1.000	—
自贡市	0.467	0.996	0.469	irs	0.409	1.000	0.409	irs	0.311	1.000	0.311	irs
攀枝花市	0.110	0.991	0.111	irs	0.458	0.999	0.459	irs	0.197	1.000	0.197	irs
泸州市	0.592	0.997	0.594	irs	0.449	0.998	0.450	irs	0.309	0.999	0.309	irs
德阳市	0.674	0.998	0.676	irs	0.586	0.998	0.588	irs	0.348	1.000	0.348	irs
绵阳市	0.754	0.997	0.756	irs	0.574	0.999	0.574	irs	0.434	1.000	0.434	irs
广元市	0.396	0.996	0.397	irs	0.162	0.999	0.162	irs	0.190	0.999	0.190	irs
遂宁市	0.519	0.998	0.520	irs	0.320	0.999	0.321	irs	0.213	0.999	0.213	irs
内江市	0.492	0.996	0.494	irs	0.407	0.999	0.407	irs	0.258	1.000	0.258	irs
乐山市	0.448	0.993	0.451	irs	0.515	0.998	0.516	irs	0.295	1.000	0.295	irs
南充市	0.766	0.997	0.769	irs	0.461	0.999	0.461	irs	0.347	0.999	0.347	irs
眉山市	0.533	0.993	0.537	irs	0.399	0.999	0.399	irs	0.233	0.999	0.233	irs

续表

地区	第一产业				第二产业				第三产业			
	TE	PTE	SE	RS	TE	PTE	SE	RS	TE	PTE	SE	RS
宜宾市	0.630	0.987	0.638	irs	0.555	0.999	0.556	irs	0.323	0.999	0.324	irs
广安市	0.557	0.992	0.561	irs	0.356	0.999	0.357	irs	0.282	0.999	0.282	irs
达州市	0.787	0.989	0.796	irs	0.474	0.998	0.475	irs	0.317	0.999	0.317	irs
雅安市	0.238	0.993	0.239	irs	0.183	0.999	0.183	irs	0.136	1.000	0.136	irs
巴中市	0.475	0.997	0.476	irs	0.128	1.000	0.128	irs	0.162	0.999	0.162	irs
资阳市	0.645	0.994	0.649	irs	0.400	0.999	0.400	irs	0.248	0.999	0.248	irs
阿坝州	0.118	0.994	0.119	irs	0.061	1.000	0.061	irs	0.077	1.000	0.077	irs
甘孜州	0.090	0.998	0.090	irs	0.049	1.000	0.049	irs	0.080	1.000	0.080	irs
凉山州	0.757	1.000	0.757	irs	0.482	0.997	0.483	irs	0.287	0.999	0.288	irs
贵阳市	0.379	0.994	0.381	irs	0.604	0.997	0.606	irs	0.641	0.999	0.642	irs
遵义市	0.743	0.984	0.755	irs	0.532	0.997	0.534	irs	0.458	1.000	0.459	irs
六盘水市	0.196	0.987	0.199	irs	0.363	0.998	0.363	irs	0.298	1.000	0.298	irs
安顺市	0.251	1.000	0.251	irs	0.105	1.000	0.105	irs	0.202	1.000	0.202	irs
毕节市	0.708	0.989	0.716	irs	0.279	0.999	0.279	irs	0.309	0.999	0.310	irs
铜仁市	0.554	0.994	0.557	irs	0.094	0.999	0.094	irs	0.214	0.999	0.214	irs
黔西南州	0.338	0.995	0.339	irs	0.150	0.999	0.150	irs	0.193	0.999	0.193	irs
黔东南州	0.470	0.997	0.472	irs	0.126	0.999	0.126	irs	0.268	1.000	0.268	irs
黔南州	0.484	0.994	0.487	irs	0.220	0.999	0.220	irs	0.206	0.999	0.206	irs
平均值	0.488	0.993	0.491		0.348	0.999	0.349		0.296	0.999	0.297	

为了检验长江上游地区综合技术效率在第一阶段和第三阶段是否存在显著差异，本章采用了 Wilcoxon 单因素配对样本符号秩检验方法，检验过程由 Stata 13.1 软件完成，运行结果见表 3.12。由表 3.12 可知，2005～2014年，长江上游地区第一阶段三次产业效率值与第三阶段三次产业效率值之间存在显著性差异，这进一步表明环境因素对三次产业综合技术效率的评价是重要的，忽视环境因素和随机因素的影响，可能得出错误的结论。因此使用环境因素与随机误差项对原始投入值进行调整具有合理性和必要性。

（1）长江上游地区三次产业综合技术效率总体情况。由表 3.3～表 3.6及表 3.8～表 3.11 可知，剔除环境因素和随机误差的影响前后，2005 年、

2008 年、2011 年、2014 年，长江上游地区第一产业综合技术效率平均值由调整前的 0.480、0.521、0.488 和 0.404 变化为调整后的 0.494、0.494、0.491 和 0.488；第二产业综合技术效率平均值由调整前的 0.303、0.231、0.217 和 0.164 增加到调整后的 0.534、0.574、0.416 和 0.348；第三产业综合技术效率平均值由调整前的 0.447、0.454、0.393 和 0.393 下降到调整后的 0.355、0.338、0.260 和 0.296。由此可见，2005～2014 年，剔除环境因素和随机误差的影响之后，长江上游地区三次产业综合技术效率明显偏低，而第三产业综合技术效率最低，意味着现阶段长江上游地区三次产业（尤其是第三产业）的实际产出水平远低于最优水平；总体上看，除了 2008 年第一产业综合技术效率平均值被高估之外，长江上游地区第一、第二产业综合技术效率平均值被低估（或普遍上升），第三产业综合技术效率平均值被高估（或普遍下降）。

表 3.12　Wilcoxon 单因素配对样本符号秩检验方法

产业	统计量	2005 年	2008 年	2011 年	2014 年
第一产业	综合技术效率 Z 值	-0.994	0.439	-0.444	-2.669***
	纯技术效率 Z 值	-5.808***	-5.915***	-5.915***	-6.029***
	规模效率 Z 值	5.314***	5.551***	5.285***	5.367***
第二产业	综合技术效率 Z 值	-5.058***	-5.802***	-4.783***	-4.513***
	纯技术效率 Z 值	-6.029***	-6.108***	-6.085***	-6.086***
	规模效率 Z 值	3.181***	1.66***	3.818***	3.972***
第三产业	综合技术效率 Z 值	2.524**	3.19***	3.857***	3.398***
	纯技术效率 Z 值	-5.957***	-6.059***	-6.126***	-6.126***
	规模效率 Z 值	5.218***	5.546***	5.922***	5.864***

$p < 0.05$，*$p < 0.01$

同理分析显示，剔除环境因素和随机误差的影响之后，长江上游地区三次产业纯技术效率平均值被低估，三次产业规模效率平均值被高估。例如，2005 年、2008 年、2011 年、2014 年，长江上游地区第一产业纯技术效率平均值由调整前的 0.589、0.636、0.635 和 0.539 增加到调整后的 0.994、1.000、0.999 和 0.993，第一产业规模效率平均值由调整前的

0.831、0.825、0.787 和 0.774 下降到调整后的 0.497、0.494、0.491 和 0.491；第二产业纯技术效率平均值由调整前的 0.471、0.423、0.405 和 0.341 增加到调整后的 1.000、1.000、1.000 和 0.999，第二产业规模效率平均值由调整前的 0.693、0.616、0.597 和 0.571 下降到调整后的 0.534、0.574、0.417 和 0.349；第三产业纯技术效率平均值由调整前的 0.604、0.560、0.482 和 0.479 增加到调整后的 1.000、0.999、0.999 和 0.999，第三产业规模效率平均值由调整前的 0.761、0.841、0.839 和 0.854 下降到调整后的 0.355、0.338、0.261 和 0.297。

分区域综合技术效率分析显示，剔除环境因素和随机误差的影响之后，2005 年、2008 年、2011 年、2014 年，长江上游地区第一产业综合技术效率有效地区分别有 2 个（渝西地区、成都市）、2 个（渝西地区、成都市）、1 个（成都市）和 2 个（渝西地区、成都市）；第二产业综合技术效率有效地区分别有 2 个（渝西地区、成都市）、4 个（渝西地区、玉溪市、西双版纳州、成都市）、1 个（成都市）和 1 个（成都市）；第三产业综合技术效率有效地区分别有 2 个（昆明市、成都市）、1 个（成都市）、1 个（成都市）和 1 个（成都市）。成都市三次产业综合技术效率在各年份均有效，即始终处于有效前沿面上。总体上看，长江上游地区三次产业综合技术效率较高地区基本集中在经济相对发达的区域。

（2）长江上游地区三次产业综合技术效率的影响因素。从三次产业综合技术效率的分解来看，剔除环境因素和随机误差的影响后，2005～2014年长江上游地区三次产业纯技术效率接近或达到有效水平，而规模效率较低，规模效率低下是造成长江上游地区三次产业综合技术效率偏低的主要原因。该结论与调整前纯技术效率低下是造成长江上游地区三次产业综合技术效率偏低的主要原因的结论不一致。例如，2005 年，长江上游地区三次产业纯技术效率平均值分别为 0.994、1.000 和 1.000，三次产业规模效率平均值分别为 0.497、0.535 和 0.355；2014 年，长江上游地区三次产业纯技术效率平均值分别为 0.993、0.999 和 0.999，三次产业规模效率平均值分别为 0.491、0.349 和 0.297。三次产业纯技术效率达到或接近有效水平，但三次产业规模效率与最优规模水平相差较远。同时,与第一、第二产业规模效率相比,第三产业规模效率最低。这说明现阶段长江上游地区三次产业还没有走出依靠大规模生产提高生产效率的传统发展路径,尤其是第三产业更是依靠产业规模扩大来提升生产效率。目前,长江上游各地区三次产业在技术和管理水平差异不大,但存在产业规模较小和产业集聚程度不高等现象,导致长江上游地区三次产业规模效率和综合技术效率偏低,影响该地区经济增长方式由粗放型向集约型的转变,以及该地区产业空间优化。

此外,由表3.8~表3.11可知,剔除环境因素和随机误差的影响后,2005年、2008年、2011年、2014年,长江上游地区三次产业综合技术效率均处于规模报酬递增状态。这说明长江上游地区三次产业规模尚未达到由其自身的技术水平所决定的最适生产规模,进一步扩大三次产业规模,是提高长江上游地区三次产业综合技术效率的重要路径。

(3)长江上游地区三次产业综合技术效率空间布局情况。

表3.8~表3.11显示,2005~2014年,长江上游地区第一产业综合技术效率空间分布基本保持稳定,综合技术效率较高区域主要集中在长江上游地区的东北部,尤其以成渝经济区为主。重庆较高区域主要集中在渝西地区和渝东北地区;四川较高区域主要集中在成都市、绵阳市、南充市、达州市、凉山州等地。云南省第一产业综合技术效率整体不高,第一产业综合技术效率较高区域主要集中在曲靖市、昆明市、丽江市、普洱市和西双版纳州;贵州省第一产业综合技术效率相对较高的区域主要集中在北部一带,以遵义市为主辐射到周边毕节市、铜仁市等地。

表3.8~表3.11显示,2005~2014年,长江上游地区第二产业综合技术效率空间变化剧烈。例如,2005年,第二产业综合技术效率在0.364以上的地级区域有35个,其中在0.605~1.000的有23个,而2014年对应数值分别是23个和5个,这意味着大多数地区第二产业综合技术效率呈现下降趋势。从空间分布来看,2005年,长江上游地区第二产业综合技术效率较高区域呈现"一轴一圈"分布特征,"一轴"包括西双版纳州、普洱市、玉

溪市、昆明市、曲靖市、毕节市、贵阳市、遵义市、渝东南等地区，"一圈"主要包括成渝经济区及其辐射地区、凉山州、攀枝花市等地；2014 年，长江上游地区第二产业综合技术效率较高区域呈现"三角形"分布特征，即以成都市、重庆主城区和渝西地区、昆明市为中心，辐射到周边区域。长江上游地区第二产业综合技术效率较高的地区集中分布在：重庆主城区和渝西地区；以成都市为极点，包括绵阳市、德阳市、眉山市、乐山市、宜宾市等地区；以昆明市为极点，包括西双版纳州、普洱市、玉溪市、曲靖市等地区；此外，贵阳市、遵义市等地区也是贵州省第二产业综合技术效率相对较高的区域。

表 3.8～表 3.11 显示，2005～2014 年，长江上游地区第三产业综合技术效率空间变化剧烈。例如，2005 年，第三产业综合技术效率在 0.269 以上的地级区域有 29 个，其中在 0.517～1.000 的有 8 个，2011 年对应的数值分别是 15 个和 4 个，到 2014 年对应数值分别是 23 个和 4 个，大多数地区第三产业综合技术效率呈现先递减后递增的趋势。从空间分布来看，2005 年，长江上游地区第三产业综合技术效率较高的地区集中在重庆主城区、渝西地区、渝东北地区；成都市、绵阳市；昆明市；遵义市、贵阳市等地区。2014 年，长江上游地区第三产业综合技术效率较高的地区集中分布在重庆主城区、渝西地区、渝东北地区；成都市、德阳市、绵阳市、南充市；昆明市、曲靖市；贵阳市、遵义市等地区。总体上看，重庆市第三产业综合技术效率较高区域集中在重庆主城区和渝西地区；四川省第三产业综合技术效率较高区域集中在成都市及其周边的绵阳市、德阳市、南充市等地区；云南省第三产业综合技术效率较高区域集中在昆明市及其周边的曲靖市；贵州省第三产业综合技术效率较高区域集中在贵阳市及周边的遵义市。

3.3 长江上游地区三次产业全要素生产率及变化情况分析

全要素生产率是指产出增长率超出要素投入增长率的部分，即经济增长中不能被要素投入解释的部分。全要素生产率可同时分解为技术进步与技术效率变化两部分。技术效率又可进一步分解为纯技术效率和规模效率，技术效率与三阶段模型中的综合技术效率值等价。

多数学者认为，经济增长方式转变的本质是提高全要素生产率或全要素生产率增长率对经济增长的贡献率（厉无畏和王振，2006；蔡昉，2013；赵文军和于津平，2014）。全要素生产率或全要素生产率增长率对经济增长的贡献率越高，则说明经济增长方式越趋向于集约型增长。因此，全要素生产率成为度量经济增长方式转变最常用的指标。

本节将利用 DEA-Malmquist 生产率指数模型对长江上游地区三次产业全要素生产率及变化情况进行分析，以期在一定程度上揭示长江上游地区三次产业经济增长及经济增长方式转变的基本情况。

3.3.1　DEA-Malmquist 生产率指数模型

Malmquist 生产率指数能计算出决策单元不同时刻的经营效率，较好地反映生产前沿面的移动情况，因此常用于全要素生产率的动态变化分析。本章将三阶段 DEA 模型与 Malmquist 生产率指数结合分析，更全面反映长江上游地区三次产业全要素生产率的变化。

设 (x^t, y^t) 和 (x^{t+1}, y^{t+1}) 分别表示 t、$t+1$ 时期的投入产出向量。投入产出关系从 (x^t, y^t) 向 (x^{t+1}, y^{t+1}) 变化即生产率变化。$d^t(x^t, y^t)$ 和 $d^t(x^{t+1}, y^{t+1})$ 为距离函数。$d^t(x^t, y^t)$ 为以第 t 期的技术（即以第 t 期的数据作为参考集）表示当期技术效率水平；$d^t(x^{t+1}, y^{t+1})$ 为以第 t 期的技术表示第 $t+1$ 期的技术效率水平；$d^{t+1}(x^t, y^t)$ 为以第 $t+1$ 期的技术（即以第 $t+1$ 期数据作为参考集）表示第 t 期的技术效率水平；$d^t(x^{t+1}, y^{t+1})$ 为以第 $t+1$ 期的技术表示第 $t+1$ 期的技术效率水平。那么 t、$t+1$ 时期产出角度的 Malmquist 生产指数分别定义为

$$m^t(x^t, y^t, x^{t+1}, y^{t+1}) = \frac{d^t(x^{t+1}, y^{t+1})}{d^t(x^t, y^t)} \tag{3.7}$$

$$m^{t+1}(x^t, y^t, x^{t+1}, y^{t+1}) = \frac{d^{t+1}(x^{t+1}, y^{t+1})}{d^{t+1}(x^t, y^t)} \tag{3.8}$$

式（3.7）和式（3.8）中的两个指数仅在单产出单投入的情况下是相同的，为了使其在多投入和可变规模收益下保持相同，Färe 等（1994）用上述的两种指数的几何平均值来表示，即

$$m^t(x^t, y^t, x^{t+1}, y^{t+1}) = \left[\frac{d^t(x^{t+1}, y^{t+1})}{d^t(x^t, y^t)} \times \frac{d^{t+1}(x^{t+1}, y^{t+1})}{d^{t+1}(x^t, y^t)} \right]^{1/2}$$

$$= \frac{d^{t+1}(x^{t+1}, y^{t+1})}{d^t(x^t, y^t)} \times \left[\frac{d^t(x^{t+1}, y^{t+1})}{d^{t+1}(x^{t+1}, y^{t+1})} \times \frac{d^t(x^t, y^t)}{d^{t+1}(x^t, y^t)} \right]^{1/2} \quad (3.9)$$

式中， $EFFCH = \frac{d^{t+1}(x^{t+1}, y^{t+1})}{d^t(x^t, y^t)}$ ， $TECHCH = \left[\frac{d^t(x^{t+1}, y^{t+1})}{d^{t+1}(x^{t+1}, y^{t+1})} \times \frac{d^t(x^t, y^t)}{d^{t+1}(x^t, y^t)} \right]^{1/2}$

分别衡量了从 t 时期到 $t+1$ 时期的技术效率、技术进步的变化指数，而技术
效率变化指数又分解为纯技术效率变化指数（PTECH）和规模效率变化指
数（SECH），即

$$EFFCH = PTECH \times SECH \quad (3.10)$$

因此，全要素生产指数（TFPCH）可分解为

$$TEPCH = EFFCH \times TECHCH = PTECH \times SECH \times TECHCH \quad (3.11)$$

Malmquist 生产率指数数值常用于和 1 比较，若大于 1，表现为增长或
改善；反之则表示下降或恶化。

3.3.2 指标选取与数据来源

本部分采用经过三阶段 DEA 方法去除了环境因素和随机误差的投入产
出数据，运用 DEAP 2.0 软件，计算 2005～2014 年长江上游地区三次产业
Malmquist 指数及其分解指数。指标选择与数据来源参见 3.2.2 部分内容。

3.3.3 实证分析结果

1. 2005～2014 年长江上游地区 Malmquist 指数分析

由表 3.13 可知，2005～2014 年，长江上游地区三次产业全要素生
产率增长呈现下降趋势，其中，三次产业全要素生产率年均增长率分别
为-17.4%、-16.6% 和-4.7%，第三产业全要素生产率年均增长率要领先于
第一、第二产业全要素生产率年均增长率；长江上游地区三次产业技术效
率增长呈现下降趋势，其中，三次产业技术效率年均增长率分别为-0.2%、
-15.7% 和-5.7%，第一产业技术效率年均增长率要领先于第二、第三产业

技术效率年均增长率；长江上游地区三次产业技术不足，其中，三次产业技术进步年均增长率分别为-17.2%、-1.1% 和 1.1%，第三产业技术进步年均增长率要领先于第一、第二产业技术进步年均增长率；长江上游地区三次产业纯技术效率年均增长率都为 0；长江上游地区三次产业规模效率增长呈现下降趋势，其中，三次产业规模效率年均增长率分别为-0.2%、-15.7% 和-5.7%，第一产业规模效率年均增长率要领先于第二、第三产业规模效率年均增长率。

综上所述，长江上游地区经济增长的集约化水平较低。第一产业全要素生产率增长偏低主要是技术进步不足所致；第二产业全要素生产率增长偏低主要是规模效率（或技术效率）偏低所致；第三产业全要素生产率增长偏低主要是规模效率（或技术效率）偏低所致。第二、第三产业技术效率偏低主要是规模效率偏低所致。

表 3.13　长江上游地区三次产业全要素生产率变动

产业	时段	技术效率变化	技术进步变化	纯技术效率变化	规模效率变化	全要素生产率变化
第一产业	2005～2008 年	1.010	0.865	1.006	1.004	0.874
	2008～2011 年	0.989	0.749	0.999	0.989	0.741
	2011～2014 年	0.995	0.875	0.994	1.001	0.871
	2005～2014 年	0.998	0.828	1.000	0.998	0.826
第二产业	2005～2008 年	1.050	0.873	1.000	1.051	0.917
	2008～2011 年	0.701	1.074	1.000	0.701	0.753
	2011～2014 年	0.813	1.032	0.999	0.813	0.839
	2005～2014 年	0.843	0.989	1.000	0.843	0.834
第三产业	2005～2008 年	0.957	0.754	1.000	0.957	0.722
	2008～2011 年	0.746	1.450	0.999	0.746	1.081
	2011～2014 年	1.176	0.944	1.001	1.176	1.110
	2005～2014 年	0.943	1.011	1.000	0.943	0.953

2. 长江上游地区各市区 Malmquist 指数分析

表 3.14 显示，2005～2014 年，长江上游地区各市区第一产业全要素生

产率增长不高，这主要是技术进步不足所致；同时，长江上游地区各市区第一产业全要素生产率增长差距较大，增长最快的楚雄州，增速达-4.8%，增长最低的遵义市，增速为-34.1%，相差29.3个百分点，技术进步差异是造成该差异性的主要原因，如楚雄州技术进步高于遵义市21.1个百分点；此外，长江上游地区各市区技术效率省际差异明显，如云南省和贵州省技术效率提升较快，而重庆市和四川省技术效率提升较慢，技术效率差异主要是规模效率差异所致。

表 3.14　长江上游地区区域内部第一产业全要素生产率变动

序号	地区	技术效率变化	技术进步	纯技术效率变化	规模效率变化	全要素生产率变化
1	重庆主城区	0.967	0.881	0.998	0.969	0.852
2	渝西地区	1.000	0.808	1.000	1.000	0.808
3	渝东北地区	0.980	0.766	0.995	0.985	0.751
4	渝东南地区	0.977	0.867	1.001	0.976	0.846
5	昆明市	1.007	0.879	0.997	1.010	0.885
6	曲靖市	1.041	0.778	1.003	1.038	0.809
7	玉溪市	1.007	0.877	0.997	1.010	0.883
8	保山市	1.039	0.832	1.000	1.039	0.864
9	昭通市	1.017	0.811	1.005	1.012	0.825
10	楚雄州	1.079	0.882	0.999	1.079	0.952
11	红河州	1.015	0.876	0.990	1.024	0.889
12	文山州	1.018	0.842	1.001	1.017	0.857
13	普洱市	1.044	0.818	1.000	1.045	0.854
14	西双版纳州	1.026	0.854	1.000	1.026	0.876
15	大理州	1.030	0.831	1.001	1.028	0.855
16	德宏州	1.041	0.868	0.999	1.042	0.904
17	丽江市	1.021	0.836	1.000	1.021	0.854
18	怒江州	0.960	0.872	1.000	0.960	0.837
19	迪庆州	1.017	0.920	1.000	1.017	0.936
20	临沧市	1.040	0.873	1.001	1.039	0.908
21	成都市	1.000	0.866	1.000	1.000	0.866

序号	地区	技术效率 变化	技术进步	纯技术效率 变化	规模效率 变化	全要素生产率 变化
22	自贡市	0.972	0.859	0.999	0.972	0.835
23	攀枝花市	0.973	0.909	0.997	0.976	0.884
24	泸州市	0.980	0.820	1.002	0.978	0.804
25	德阳市	0.957	0.794	0.999	0.957	0.760
26	绵阳市	0.968	0.779	0.999	0.969	0.754
27	广元市	0.963	0.866	1.001	0.961	0.834
28	遂宁市	0.956	0.858	1.000	0.956	0.821
29	内江市	0.973	0.846	1.000	0.973	0.824
30	乐山市	0.952	0.857	0.999	0.953	0.816
31	南充市	0.981	0.775	1.001	0.980	0.760
32	眉山市	0.970	0.856	1.000	0.970	0.831
33	宜宾市	0.971	0.808	0.996	0.975	0.784
34	广安市	0.974	0.837	1.001	0.972	0.815
35	达州市	0.976	0.779	0.999	0.978	0.760
36	雅安市	0.944	0.883	0.998	0.947	0.834
37	巴中市	0.981	0.830	1.002	0.979	0.814
38	资阳市	0.958	0.846	0.999	0.960	0.810
39	阿坝州	0.923	0.922	0.998	0.925	0.851
40	甘孜州	0.926	0.877	1.001	0.926	0.813
41	凉山州	1.004	0.686	1.002	1.002	0.688
42	贵阳市	1.033	0.881	0.998	1.035	0.910
43	遵义市	0.983	0.671	0.997	0.986	0.659
44	六盘水市	1.068	0.802	0.996	1.073	0.857
45	安顺市	1.032	0.798	1.002	1.030	0.824
46	毕节市	1.042	0.699	1.002	1.040	0.729
47	铜仁市	1.032	0.802	1.001	1.031	0.828
48	黔西南州	1.008	0.795	1.002	1.006	0.801
49	黔东南州	1.063	0.729	0.999	1.064	0.775
50	黔南州	1.036	0.785	1.000	1.035	0.813

表 3.15 显示，2005~2014 年，长江上游地区各市区第二产业全要素生产率增长不高，这主要是规模效率（或技术效率）较低所致；同时，长江上游地区各市区第二产业全要素生产率增长的区域差异明显，增长最快的成都市增速达 10.3%，增长最慢的楚雄州增速为-31.6%，相差 41.9 个百分点，规模效率（或技术效率）差异是造成该差异性的主要原因，如成都市的技术效率增长比楚雄州高 29.5 个百分点；此外，长江上游地区各市区第二产业技术进步水平整体不高，但重庆主城区、昆明市、成都市的技术进步提升较快，这也导致了该地区全要素生产率的增长较高。

表 3.15　长江上游地区区域内部第二产业全要素生产率变动

序号	地区	技术效率变化	技术进步	纯技术效率变化	规模效率变化	全要素生产率变化
1	重庆主城区	0.976	1.102	1.000	0.977	1.076
2	渝西地区	0.949	1.049	0.999	0.950	0.996
3	渝东北地区	0.858	0.997	0.998	0.860	0.855
4	渝东南地区	0.823	0.976	1.000	0.823	0.803
5	昆明市	0.986	1.100	1.000	0.986	1.085
6	曲靖市	0.830	0.990	1.000	0.830	0.821
7	玉溪市	0.811	0.987	1.000	0.811	0.800
8	保山市	0.842	0.972	1.000	0.842	0.818
9	昭通市	0.803	0.975	1.000	0.803	0.783
10	楚雄州	0.705	0.971	1.000	0.705	0.684
11	红河州	0.717	0.972	1.000	0.717	0.696
12	文山州	0.846	0.972	1.000	0.846	0.822
13	普洱市	0.895	0.980	1.000	0.895	0.877
14	西双版纳州	0.839	0.984	1.000	0.839	0.826
15	大理州	0.814	0.973	1.000	0.814	0.791
16	德宏州	0.854	0.972	1.000	0.854	0.830
17	丽江市	0.869	0.981	1.000	0.869	0.852
18	怒江州	0.786	0.971	1.000	0.786	0.763
19	迪庆州	0.854	0.994	1.000	0.854	0.849
20	临沧市	0.821	0.971	1.000	0.821	0.797

续表

序号	地区	技术效率变化	技术进步	纯技术效率变化	规模效率变化	全要素生产率变化
21	成都市	1.000	1.103	1.000	1.000	1.103
22	自贡市	0.847	0.981	1.000	0.847	0.831
23	攀枝花市	0.799	0.985	1.000	0.799	0.787
24	泸州市	0.891	0.981	0.999	0.891	0.874
25	德阳市	0.846	0.994	0.999	0.847	0.842
26	绵阳市	0.849	0.990	1.000	0.849	0.841
27	广元市	0.843	0.973	1.000	0.843	0.820
28	遂宁市	0.892	0.978	1.000	0.893	0.872
29	内江市	0.858	0.981	1.000	0.858	0.841
30	乐山市	0.839	0.986	0.999	0.840	0.827
31	南充市	0.891	0.981	1.000	0.892	0.874
32	眉山市	0.850	0.981	1.000	0.850	0.833
33	宜宾市	0.847	0.990	1.000	0.847	0.839
34	广安市	0.870	0.979	1.000	0.871	0.852
35	达州市	0.895	0.982	0.999	0.896	0.880
36	雅安市	0.805	0.976	1.000	0.805	0.785
37	巴中市	0.936	0.972	1.000	0.936	0.910
38	资阳市	0.900	0.980	1.000	0.901	0.882
39	阿坝州	0.693	0.990	1.000	0.693	0.687
40	甘孜州	0.791	0.994	1.000	0.791	0.786
41	凉山州	0.917	0.984	0.999	0.918	0.902
42	贵阳市	0.858	1.019	1.000	0.858	0.874
43	遵义市	0.849	0.984	0.999	0.850	0.836
44	六盘水市	0.814	0.983	0.999	0.815	0.801
45	安顺市	0.749	0.972	1.000	0.749	0.728
46	毕节市	0.815	0.977	1.000	0.815	0.796
47	铜仁市	0.794	0.973	1.000	0.795	0.773
48	黔西南州	0.818	0.973	1.000	0.818	0.796
49	黔东南州	0.799	0.975	1.000	0.799	0.779
50	黔南州	0.825	0.975	1.000	0.826	0.805

　　表 3.16 显示，2005～2014 年长江上游地区各市区第三产业全要素生产率增长不高，这主要是规模效率（或技术效率）不高所致；同时，长江上游地区各市区第三产业全要素生产率增长不同，其中迪庆州第三产业全要素生产率增长最快，增速达 14.6%，而阿坝州第三产业全要素生产率增长最慢，增速仅为-15.3%，两个地区第三产业全要素生产率增长相差 29.9 个百分点，规模效率（或技术效率）差异是造成该差异性的主要原因；此外，从省际差异来看，贵州省大多地区第三产业全要素生产率增长较明显，这主要是规模效率（或技术效率）改善所致。

表 3.16　长江上游地区区域内部第三产业全要素生产率变动

序号	地区	技术效率变化	技术进步	纯技术效率变化	规模效率变化	全要素生产率变化
1	重庆主城区	0.992	0.992	1.000	0.993	0.985
2	渝西地区	0.927	1.010	1.000	0.928	0.937
3	渝东北地区	0.928	1.010	1.000	0.929	0.937
4	渝东南地区	0.946	1.013	1.000	0.946	0.958
5	昆明市	0.929	1.011	1.000	0.930	0.939
6	曲靖市	0.931	1.009	1.000	0.931	0.940
7	玉溪市	0.893	1.009	1.000	0.893	0.901
8	保山市	0.973	1.014	1.000	0.973	0.986
9	昭通市	0.904	1.013	1.000	0.904	0.916
10	楚雄州	0.940	1.016	1.000	0.940	0.956
11	红河州	0.944	1.014	1.000	0.944	0.958
12	文山州	0.957	1.016	1.000	0.957	0.972
13	普洱市	0.921	1.012	1.000	0.921	0.932
14	西双版纳州	0.959	1.010	1.000	0.959	0.968
15	大理州	0.942	1.013	1.000	0.942	0.954
16	德宏州	0.958	1.016	1.000	0.958	0.973
17	丽江市	0.930	1.009	1.000	0.930	0.939
18	怒江州	0.973	1.016	1.000	0.973	0.989
19	迪庆州	1.127	1.017	1.000	1.127	1.146
20	临沧市	0.971	1.016	1.000	0.971	0.986

续表

序号	地区	技术效率变化	技术进步	纯技术效率变化	规模效率变化	全要素生产率变化
21	成都市	1.000	0.987	1.000	1.000	0.987
22	自贡市	0.913	1.009	1.000	0.913	0.921
23	攀枝花市	0.898	1.012	1.000	0.898	0.909
24	泸州市	0.910	1.009	1.000	0.910	0.918
25	德阳市	0.890	1.009	1.000	0.890	0.898
26	绵阳市	0.895	1.009	1.000	0.896	0.904
27	广元市	0.927	1.013	1.000	0.927	0.939
28	遂宁市	0.913	1.012	1.000	0.913	0.924
29	内江市	0.906	1.010	1.000	0.906	0.915
30	乐山市	0.929	1.009	1.000	0.929	0.937
31	南充市	0.923	1.009	1.000	0.923	0.931
32	眉山市	0.936	1.011	1.000	0.936	0.947
33	宜宾市	0.908	1.009	1.000	0.908	0.916
34	广安市	0.927	1.009	1.000	0.927	0.935
35	达州市	0.905	1.009	1.000	0.905	0.913
36	雅安市	0.907	1.015	1.000	0.907	0.921
37	巴中市	0.922	1.014	1.000	0.922	0.935
38	资阳市	0.928	1.011	1.000	0.929	0.938
39	阿坝州	0.833	1.016	1.000	0.833	0.847
40	甘孜州	0.929	1.016	1.000	0.929	0.944
41	凉山州	0.898	1.009	1.000	0.898	0.905
42	贵阳市	0.967	1.010	1.000	0.967	0.977
43	遵义市	0.944	1.008	1.000	0.944	0.951
44	六盘水市	0.998	1.010	1.000	0.998	1.008
45	安顺市	1.026	1.013	1.000	1.026	1.039
46	毕节市	1.014	1.008	1.000	1.014	1.022
47	铜仁市	1.041	1.013	1.000	1.041	1.054
48	黔西南州	1.018	1.013	1.000	1.019	1.032
49	黔东南州	1.015	1.012	1.000	1.015	1.027
50	黔南州	0.951	1.013	1.000	0.952	0.964

3.4　本章小结

本章主要利用三阶段 DEA 模型和 Malmquist 生产率指数方法，实证研究 2005～2014 年长江上游地区 50 个地级区域三次产业效率、全要素生产率及变化情况，以期在一定程度上揭示长江上游地区经济增长方式及转变情况。本章的主要研究结论如下。

（1）在不考虑环境因素和随机误差的影响下，2005～2014 年，长江上游地区三次产业综合技术效率偏低，纯技术效率低下是长江上游地区三次产业综合技术效率偏低的主要原因。

（2）长江上游地区三次产业综合技术效率受到经济发展水平、开放水平、产业结构等外部环境因素的影响。其中，经济发展水平有利于长江上游地区第一、第三产业综合技术效率提升，但可能不利于长江上游地区第二产业综合技术效率提升；开放水平有利于第二产业综合技术效率提升，但可能不利于长江上游地区第一产业综合技术效率提升；产业结构中第二、第三产业部门占比增加不利于第二、第三产业综合技术效率提升。因此，合理控制环境变量（经济发展水平、开放水平、产业结构等）成为提高长江上游地区三次产业综合技术效率增长的关键。

（3）在不考虑环境因素和随机误差的影响下，长江上游地区第一、第二产业综合技术效率平均值被低估，第三产业综合技术效率平均值被高估，三次产业纯技术效率平均值被低估，三次产业规模效率平均值被高估。剔除环境因素和随机误差的影响之后，长江上游地区第一、第二产业综合技术效率平均值普遍提高，第三产业综合技术效率平均值普遍下降，三次产业纯技术效率平均值普遍提高，而三次产业规模效率平均值普遍下降。总体上看，长江上游地区三次产业综合技术效率明显偏低，而三次产业中第三产业综合技术效率最低，这意味着现阶段长江上游地区三次产业（尤其是第三产业）实际产出远低于最优水平，因此三次产业综合技术效率有较大的提升空间。从地区来看，仅成都市三次产业综合技术效率在各年份均有效，即成都市始终处于有效前沿面上。

（4）剔除环境因素和随机误差的影响之后，长江上游地区三次产业纯技术效率接近于有效水平，而规模效率较低，偏离于有效水平较多，规模效率低下是长江上游地区三次产业综合技术效率明显偏低的主要原因。这表明目前长江上游地区三次产业还没有走出依靠大规模生产提高生产效率的传统发展路径，尤其是第三产业更是依靠产业规模扩张来提升生产效率。当前，长江上游各地区三次产业在技术和管理水平差异不大，产业集聚程度不高等现象，导致长江上游地区三次产业规模效率和综合技术效率偏低，影响该地区经济增长方式由粗放型向集约型的转变。因此，实现生产要素的优化配置与集聚，鼓励技术运用与技术创新，并给予相应的政策扶持，应该是促进长江上游地区三次产业综合技术效率提升的有效方式。

（5）剔除环境因素和随机误差的影响之后，2005～2014年，长江上游地区综合技术效率存在明显的区域差异。具体而言，长江上游地区第一产业综合技术效率的空间分布基本保持稳定，第一产业综合技术效率较高区域主要集中在长江上游地区东北部，以成渝经济区为主，主要包括：渝西地区和渝东北地区；成都市、绵阳市、南充市、达州市、凉山州等；云南省第一产业综合技术效率整体不高，第一产业综合技术效率较高区域主要集中在曲靖市、昆明市、丽江市、普洱市和西双版纳州；贵州省第一产业综合技术效率较高的区域主要集中在北部一带，以遵义市为主辐射到周边毕节市、铜仁市等地。长江上游地区第二产业综合技术效率的空间变化剧烈，第二产业综合技术效率较高的地区集中分布在：重庆主城区和渝西地区；以成都市为极点，包括绵阳市、德阳市、眉山市、乐山市、宜宾市等地区；以昆明市为极点，包括西双版纳州、普洱市、玉溪市、曲靖市等地区；此外，贵阳市、遵义市等地区也是贵州省第二产业综合技术效率相对较高的区域。长江上游地区第三产业综合技术效率的空间变化剧烈，第三产业综合技术效率较高的地区集中分布在：重庆主城区和渝西地区；成都市及其周边的绵阳市、德阳市、南充市等地区；昆明市及其周边的曲靖市；贵阳市及周边的遵义市。

（6）Malmquist生产率指数显示，2005～2014年，长江上游地区三次产业全要素生产率增长呈现下降趋势，第三产业全要素生产率增长要领先于第一、第二产业；第一产业全要素生产率增长偏低主要是技术进步不足所致；第二、第三产业全要素生产率增长偏低主要是规模效率（或技术效率）偏低所致。

长江上游地区各市区第一产业全要素生产率增长不高，这主要是技术进步不足所致；同时，长江上游地区各市区第一产业全要素生产率增长差距较大，增长最快的楚雄州，增速达-4.8%，增长最低的遵义市，增速为-34.1%，技术进步差异是各市区第一产业全要素生产率差异性的主要原因；此外，长江上游地区各市区的技术效率差异明显。

长江上游地区各市区第二产业全要素生产率增长不高，这主要是规模效率（或技术效率）较低所致；各市区第二产业全要素生产率增长的区域差异明显，增长最快的成都市增速达 10.3%，增长最慢的楚雄州增速为-31.6%，规模效率（或技术效率）差异是各市区第二产业全要素生产率差异性的主要原因；此外，各市区第二产业技术进步水平整体不高，但重庆主城区、昆明市、成都市的技术进步提升较快。

长江上游地区各市区第三产业全要素生产率增长不高，这主要是规模效率（或技术效率）不高所致；各市区第三产业全要素生产率增长不同，增长最快的迪庆州增速达 14.6%，增长最慢的阿坝州增速仅为-15.3%，规模效率（或技术效率）差异是各市区第三产业全要素生产率差异性的主要原因；此外，从省际差异来看，贵州省大多数地区第三产业全要素生产率增长较明显，这主要是规模效率（或技术效率）改善所致。

需要指出的是，本章的研究也存在一定的缺陷。例如，本章仅仅考虑了经济发展水平、开放水平和产业结构三个环境变量的影响，可能会遗漏一些重要的影响长江上游地区三次产业效率值的环境变量。因此，未来研究有必要探索更加有效的环境变量以便更准确地揭示长江上游地区三次产业效率、全要素生产率及变化情况，进而揭示长江上游地区经济增长方式及转变情况。

第 4 章　长江上游地区制造产业集聚
对全要素生产率增长的影响研究

4.1　引言

　　自 20 世纪 90 年代以来，产业集聚与全要素生产率增长关系日益成为国内外学术界所讨论的热点问题。传统的基于集聚经济理论的文献认为，产业集聚所产生的规模经济、外部性、知识溢出效应等能够促进全要素生产率增长（Marshall，1890；Jacobs，1969；Porter，1990），但实证研究却产生了不一致的结论。多数学者认为，产业集聚将促进全要素生产率的增长。例如，Mitra 和 Sato（2007）利用日本县级层面的二位数行业数据揭示，产业集聚与技术效率之间显著正相关。赵伟和张萃（2008）指出，制造业空间集聚主要通过推动技术进步促进了全要素生产率的增长。范剑勇等（2014）基于县域层面的数据发现，产业集聚通过技术效率改进促进了制造企业全要素生产率的增长。但一些学者认为，产业集聚对全要素生产率增长无显著影响甚至存在负向影响关系。例如，Beeson（1987）、Feldman 和 Audretsch（1999）、Gopinath 等（2004）对美国的经验研究发现，产业集聚与生产率增长之间没有明显或直接的相关性。鹿坪（2017）

指出，制造产业集聚对地区全要素生产率增长具有显著的负向影响。沈能等（2014）发现，随着中国制造产业集聚度由弱变强，产业集聚对行业全要素生产率增长产生先提高后降低的倒 U 型影响。此外，还有一些学者认为，产业集聚对全要素生产率增长的影响存在门槛效应。例如，王丽丽和范爱军（2009）发现，产业集聚与全要素生产率增长之间存在显著的门限效应，集聚水平为 0.0155～0.0492 时最有利于促进全要素生产率的增长。张公嵬和梁琦（2010）指出，产业集聚和出口的相互作用削弱了各自对全要素生产率增长的促进作用；沈能等（2014）揭示，制造产业集聚对全要素生产率增长的影响效应在不同行业、不同集聚区间是有所差异的，具有显著的三重非线性门槛特征。

文献梳理发现，产业集聚对全要素生产率增长的影响效应具有不确定性。一个原因是，产业集聚对全要素生产率增长的影响存在情境特征。例如，外商直接投资的规模经济和技术溢出效应，强化了产业集聚的知识和技术溢出效应（Birkinshaw，2000），这种溢出效应的大小影响到产业集聚对全要素生产率增长的作用（张公嵬等，2013）；研发活动通过创新效应、学习效应与技术溢出效应等（吴延兵，2006），影响产业集聚与全要素生产率增长关系；行业的要素密集程度不同，技术溢出效应、规模效应和拥挤效应等不同，导致产业集聚对全要素生产率增长的影响也可能不同（张公嵬等，2013；沈能等，2014），如资源密集型和劳动密集型制造业，产业集聚的知识和技术溢出效应相对较低，从而资源密集型和劳动密集型制造产业集聚对全要素生产率增长的影响较小；而良好的制度环境为产业集聚提供了更加便利的信息获取渠道和融资服务，这会直接降低产业集聚的交易成本，导致产业集聚的知识和技术溢出效应等可能会更加明显，进而有助于促进全要素生产率增长。因此，研究产业集聚与全要素生产率增长之间的关系，有必要考虑二者间关系的情境特征。

本章的主要研究意义如下：利用长江上游地区四省市（重庆、四川、云南、贵州）2000～2015 年制造产业的面板数据，采用数据包络分析（DEA）的 Malmquist 生产率指数方法，测算长江上游地区四省市（重庆、四川、云南和贵州）制造业分行业的全要素生产率及变化情况；研究长江上游地区四省市制造产业集聚对全要素生产率增长的影响及影响机制。本章的研究成果有助于深入揭示制造产业集聚对全要素生产率增长的影响及情境作用机制，并弥补目前国内学术界专门针对长江上游地区制造产业集聚与全要素生产率增长关系实证研究成果严重不足的缺陷；成果对长江上游地区产业空间优化、经济增长方式转变及政府政策制定也具有一定的指导意义。

4.2 数据来源与变量测量

1. 被解释变量

全要素生产率（TFP）。本章研究采用基于数据包络分析（DEA）的Malmquist生产率指数方法，测算长江上游地区四省市制造业分行业的全要素生产率。数据涵盖了2000~2015年重庆、四川、云南和贵州制造业中全部国有及规模以上非国有工业企业。制造业的统计口径对应《国民经济行业分类与代码》（GB/T4754—2002）。为保持统计口径的一致性，对2012年之后的少数制造行业数据进行了调整。考虑数据的可获取性和完整性，对重庆、四川、云南三省市的研究删除了"其他制造业"和"废弃资源和废旧材料回收加工业"2个行业，并将橡胶制品业和塑料制品业进行了合并，最终选取了27个制造产业作为研究样本；对贵州省的研究删除了"皮革、毛皮、羽毛、绒毛及其制品业，木材加工和木、竹、藤、棕、草制品业，家具制造业，印刷业，以及记录媒介的复制、文教体育用品制造业，化学纤维制造业，橡胶和塑料制品业，其他制造业，废弃资源和废旧材料回收加工业"9个行业，最终选取了20个制造产业作为研究样本。对全要素生产率的测算，采用两要素投入（资本和劳动力投入）和单一产出为变量。其中，产出以制造业的各行业总产值（万元）来衡量，并采用工业品出厂价格指数将当年价产出平减为1999年不变价产出；劳动力投入以制造业各行业全部从业人员年平均人数（万人）来衡量；资本存量的计算参照单豪杰（2008）的研究，选取制造业的各行业固定资产净值（万元）来衡量，并采用固定资产投资价格指数将当年价资本存量平减为 1999 年不变价资本存量。资料来源于历年的《重庆统计年鉴》《四川统计年鉴》《云南统计年鉴》《贵州统计年鉴》和《中国工业统计年鉴》。

2. 解释变量

产业集聚（AGGL）。目前国内外学术界对产业集聚的测量指标主要包括区位商、空间基尼系数、EG 指数等，这些指标各有优缺点。区位商可以消除区域规模的差异因素，能够较真实地反映地理要素的空间分布情况，被国内外较多学者采用。计算公式如下：

$$AGGL = (X_{ij} / \sum_i X_{ij}) / (\sum_j X_{ij} / \sum_i \sum_j X_{ij}) \tag{4.1}$$

式中，X_{ij} 为 i 产业在 j 地区的就业人数指标；$\sum_i X_{ij}$ 为 j 地区所有产业的就业人数指标；$\sum_j X_{ij}$ 为产业 i 在全国所有地区的就业人数指标；$\sum_i \sum_j X_{ij}$ 为全国所有地区所有产业的就业人数指标。一般认为，区位商越大，表明该地区该产业的集聚水平越高；区位商大于 1，表明该产业在该地区具有集聚特征和比较优势。本章选取 2000～2015 年重庆、四川、云南和贵州四省市制造业各行业的就业人数的区位商来衡量制造业各行业的集聚水平。

3. 控制变量

通过研究前期研究成果，本章还控制了可能影响制造业全要素生产率增长的其他重要因素，具体包括外商直接投资、研发投入、人力资本和制度环境。

外商直接投资（FDI）。外商直接投资通过技术溢出效应、扩散效应、竞争效应和示范效应，对全要素生产率增长产生影响。本章选取

2000～2015年重庆、四川、云南和贵州四省市外商直接投资占工业总产值比重来衡量外资直接投资水平，并采用各年度的平均货币汇率将外商直接投资额（万美元）转换为人民币（万人民币）。资料来源于历年的《重庆统计年鉴》《四川统计年鉴》《云南统计年鉴》和《贵州统计年鉴》。

研发投入（RD）。考虑到制造业研发投入的滞后效应和数据的可获取性，重庆市研发投入选取了1999～2014年重庆市制造业的研发经费支出占工业总产值比重来测量；四川、云南和贵州三省选取1999～2014年工业领域的研发经费内部支出占工业总产值比重来测量。资料来源于历年的《重庆统计年鉴》《四川统计年鉴》《云南统计年鉴》《贵州统计年鉴》和《中国工业统计年鉴》。

人力资本（HC）。人力资本是衡量劳动力质量的指标，它至少可以通过两种机制促进全要素生产率增长：一是提升地区或产业的技术创新能力，二是加快从国外吸收新的知识及学习的速度。本章对人力资本的测量选取了两类指标：一类是教育年限指标（HC1），具体选取2000～2015年重庆、四川、云南和贵州劳动力平均受教育年数来测量，借鉴毛其淋和盛斌（2011）的做法，把小学、初中、高中、大专及以上文化程度的受教育年限分别赋值为6年、9年、12年和16年，则人力资本$HC=6h_1+9h_2+12h_2+16h_4$，其中h_i（$i=1$，2，3，4）分别表示小学、初中、高中、大专及以上文化程度的受教育人数占劳动力人口的比重。数据来源于历年的《中国人口和就业统计年鉴》。二类是公共财政教育经费指标（HC2），具体选取2000～2015年重庆、四川、云南和贵州四省市公共财政中教育经费支出占财政支出的比重来测量。资料来源于历年的《重庆统计年鉴》《四川统计年鉴》《云南统计年鉴》和《贵州统计年鉴》。

制度环境（INTU）。一般而言，制度环境越完善的地区，对产权和专利的保护力度也越强，政府分配经济资源的程度较低，企业获取资源的成本相对较小，这会激励企业进行更多的研发创新活动，提高全要素生产率。

毛其淋和盛斌（2011）揭示，制度质量对省际全要素生产率有显著的正向影响。因此，有必要将制度环境作为控制变量纳入模型。考虑数据的可获得性，对制度环境的测量，本章选取了 2000～2015 年国有单位就业人数占总就业人数比重来衡量。该指标是一个反向指标，比重越高表明政府干预市场的程度越高或制度环境相对更差。资料来源于历年的《重庆统计年鉴》《四川统计年鉴》《云南统计年鉴》和《贵州统计年鉴》。

需要指出的是，为了消除异方差的影响，本章实证研究对所有被解释变量、解释变量和控制变量进行了自然对数处理；为了克服变量相乘后带来的多重共线性问题，本章对所有交互项变量进行了中心化处理。

4.3　重庆市制造业产业集聚对全要素生产率增长的影响研究

4.3.1　重庆市制造业全要素生产率与产业集聚现状

由表 4.1 可知，2000～2015 年，重庆市制造业全要素生产率增长比较明显，年均增长率达 12.9%。其中，增速最快的是专用设备制造业，全要素生产率年均增长率达 31.8%；增速最慢的是交通运输设备制造业，全要素生产率年均增长率为-0.3%，即全要素生产率增长出现下降态势。

表 4.1 显示，2000～2015 年，重庆市制造业不具有集聚特征和比较优势（0.963），但少数资本密集型和技术密集型制造产业具有集聚特征和比较优势，这些资本和技术密集型制造产业主要包括：交通运输设备制造业（4.351）、仪器仪表及文化、办公用机械制造业（1.571）、医药制造业（1.302）、化学原料和化学制品制造业（1.149）、有色金属冶炼和压延加工业（1.006）；此外，烟草制品业（1.679）、非金属矿物制品业（1.313）等极少数资源密集型和劳动密集型制造业也具有集聚特征和比较优势。

表 4.1 2000～2015 年重庆市制造业各行业的全要素生产率和区位商

行业	全要素生产率	区位商
资源密集型产业		
农副食品加工业	1.101	0.728
食品制造业	1.110	0.700
饮料制造业	1.099	0.844
烟草制品业	1.143	1.679
木材加工和木、竹、藤、棕、草制品业	1.185	0.242
劳动密集型产业		
纺织业	1.167	0.478
纺织服装、鞋、帽制造业	1.117	0.189
皮革、毛皮、羽毛、绒毛及其制品业	1.161	0.355
家具制造业	1.048	0.436
造纸及纸制品业	1.126	0.619
印刷业和记录媒介的复制	1.138	0.854
橡胶和塑料制品业	1.216	0.582
非金属矿物制品业	1.102	1.313
金属制品业	1.088	0.684
资本密集型产业		
文教体育用品制造业	1.030	0.096
石油加工、炼焦和核燃料加工业	1.156	0.333
化学原料和化学制品制造业	1.129	1.149
化学纤维制造业	1.147	0.331
黑色金属冶炼和压延加工业	1.154	0.800
有色金属冶炼和压延加工业	1.126	1.006
通用设备制造业	1.104	0.920
专用设备制造业	1.318	0.857
交通运输设备制造业	0.997	4.351
电气机械及器材制造业	1.168	0.572
技术密集型产业		
医药制造业	1.112	1.302
计算机、通信和其他电子设备制造业	1.145	0.403
仪器仪表及文化、办公用机械制造业	1.138	1.571
平均值	1.129	0.963

4.3.2　变量的描述性统计与相关性分析

表 4.2 列出了主要变量的描述性统计特征和相关系数。从表 4.2 可以看出，2000～2015 年，重庆市制造业全要素生产率增长与产业集聚、外商直接投资、制度环境之间存在显著的正相关关系（$p<0.05$），全要素生产率增长与人力资本（教育经费支出）之间存在显著的负相关关系（$p<0.001$）。这些相关关系将在 4.3.3 节的回归分析中做进一步的检验。

表 4.2　描述性统计分析与相关系数（重庆市）

变量	平均值	标准差	1	2	3	4	5	6	7
1.ln（TFP）	0.097	0.401	1						
2.ln（AGGL）	−0.498	0.929	0.110*	1					
3.ln（FDI）	0.643	0.292	0.185***	0.026	1				
4.ln（RD）	−0.399	0.287	−0.062	0.030	−0.060	1			
5.ln（HC1）	2.123	0.090	−0.108	0.060	−0.229***	0.453***	1		
6.ln（HC2）	2.626	0.076	−0.180***	0.051	0.078	0.434***	0.313***	1	
7.ln（INTU）	2.082	0.076	0.119*	−0.058	0.411***	−0.663***	−0.668***	−0.459***	1

*$p<0.05$，***$p<0.001$

4.3.3　实证分析结果

1.重庆市制造产业集聚对全要素生产率增长的影响

分别运用面板固定效应模型（模型 1、模型 2 和模型 3）、面板随机效应模型（模型 4、模型 5 和模型 6）进行重庆市制造产业集聚对全要素生产率增长影响的面板数据回归与检验。从 Hausman-test 检验来看，随机效应模型估计结果更为稳健。因此选择了随机效应模型进行相关分析。检验结果见表 4.3。

表 4.3　重庆市制造产业集聚对全要素生产率增长的影响

变量	固定效应			随机效应		
	模型 1	模型 2	模型 3	模型 4	模型 5	模型 6
ln（FDI）	0.318*** (0.079)	0.314*** (0.080)	0.335*** (0.080)	0.326*** (0.079)	0.316*** (0.079)	0.334*** (0.079)
ln（RD）	−0.008 (0.094)	−0.006 (0.094)	0.006 (0.094)	−0.008 (0.094)	−0.02 (0.094)	0.004 (0.094)
ln（HC1）	0.447 (0.287)	0.435 (0.288)	0.409 (0.287)	0.423 (0.287)	0.407 (0.287)	0.381 (0.286)
ln（HC2）	−1.257*** (0.303)	−1.262*** (0.303)	−1.261*** (0.302)	−1.267*** (0.303)	−1.277*** (0.303)	−1.279*** (0.301)
ln（INTU）	−0.131 (0.476)	−0.113 (0.477)	−0.112 (0.474)	−0.154 (0.476)	−0.106 (0.476)	−0.103 (0.474)
ln（AGGL）		0.025 (0.045)	0.019 (0.045)		0.047* (0.021)	0.043* (0.021)
ln（AGGL）×ln（FDI）			−0.204* (0.084)			−0.206* (0.083)
-CONS	2.515 (1.730)	2.531 (1.732)	2.570 (1.722)	2.633 (1.730)	2.627 (1.732)	2.670 (1.721)
R^2	0.122	0.123	0.136	0.082	0.094	0.108
Adj. R^2	0.052	0.050	0.062	0.071	0.081	0.093
F	1.733**	1.685*	1.831**	7.378***	7.112***	7.093***

*$p<0.05$，**$p<0.01$，***$p<0.001$

注：括号内数字为标准差

　　由模型 5（表 4.3）可知，重庆市制造产业集聚对全要素生产率增长具有显著的正向影响（$\beta=0.047$，$p<0.05$），这种正向影响关系在后续模型 6 考虑外商直接投资的调节效应之后仍然非常显著（$\beta=0.043$，$p<0.05$）。这表明重庆市制造产业集聚有助于促进全要素生产率增长。

　　由模型 6（表 4.3）可知，产业集聚与外商直接投资的交互项 [ln（AGGL）×ln（FDI）] 对全要素生产率增长产生了显著的负向影响（$\beta=-0.206$，$p<0.05$）。这说明随着外商直接投资水平的增大，重庆制造产业集聚对全要素生产率增长的正向影响逐步减小。原因可能是，大量的外资企业集聚可能产生拥挤效应和同质企业过度竞争等现象，导致重庆市制造产

业集聚的知识、技术溢出效应及其对全要素生产率增长的作用降低。

2. 重庆市制造业分行业产业集聚对全要素生产率增长的影响

运用 Hausman-test 检验,资源密集型制造业和技术密集型制造业选择混合效应模型进行相关分析,劳动密集型制造业和资本密集型制造业选择随机效应模型进行相关分析。检验结果见表 4.4。

表 4.4　重庆市制造业分行业产业集聚对全要素生产率增长的影响

变量	资源密集型产业 （混合效应）	劳动密集型产业 （随机效应）	资本密集型产业 （随机效应）	技术密集型产业 （混合效应）
ln（FDI）	0.227^{+}（0.117）	0.383^{**}（0.113）	0.310^{+}（0.168）	0.273^{+}（0.160）
ln（RD）	−0.066（0.141）	0.170（0.160）	−0.154（0.193）	0.134（0.197）
ln（HC1）	0.198（0.429）	0.341（0.488）	0.520（0.596）	0.839（0.592）
ln（HC2）	-1.016^{*}（0.445）	-1.722^{***}（0.504）	−1.169（0.649）	−0.695（0.610）
ln（INTU）	−0.175（0.717）	0.261（0.803）	−0.784（0.970）	1.037（0.9830）
ln（AGGL）	−0.027（0.043）	−0.026（0.052）	0.083^{*}（0.032）	0.030（0.048）
−CONS	2.547（2.604）	3.168（2.949）	3.453（3.543）	−2.134（3.570）
R^2	0.133	0.156	0.088	0.197
Adj. R^2	0.061	0.118	0.050	0.077
F	1.862^{+}	4.180^{***}	2.288^{*}	2.882

$+p<0.10$，$*p<0.05$，$**p<0.01$，$***p<0.001$
注：括号内数字为标准差

由表 4.4 可知:在资源密集型制造业中,产业集聚对全要素生产率增长具有负向影响,但该负向影响并不具有显著性（$\beta=-0.027$，$p>0.10$）；在劳动密集型制造业中,产业集聚对全要素生产率增长具有负向影响,但该负向影响并不具有显著性（$\beta=-0.026$，$p>0.10$）；在资本密集型制造业中,产业集聚对全要素生产率增长具有显著的正向影响（$\beta=0.083$，$p<0.05$）；在技术密集型制造业中,产业集聚对全要素生产率增长具有正向影响,但该正向影响并不具有显著性（$\beta=0.030$，$p>0.10$）。这与不同要素密集程度制造业的知识和技术溢出效应等不同可能存在紧密关系,比较而言,资本密集型制造业的知识和技术溢出效应相对较高，从而此类产业集聚有助于促进全要素生产率增长；资源密集型和劳动密集型制造产业集聚产生较高的拥挤效应及较低的知识和技术溢出效应，导致资源配置效率逐渐恶化，从而此类产业集聚对全要素生产率的正向影响减小甚至产生负向影响关系。

此外，一些控制变量对重庆市制造业全要素生产率增长也具有重要影响（表4.3）。例如，人力资本（教育经费支出）对制造业全要素生产率增长具有显著的负向影响。原因可能有两点：一是教育经费的严重不足导致教育资源十分紧张，从而直接导致社会平均教育年龄偏低及教育重心的偏移；二是教育经费的投资效率可能因落后的行政管理体制还未能充分发挥。导致人力资本（教育经费支出）对制造业全要素生产率的增长影响变小甚至产生负向影响关系。

4.4 四川省制造业产业集聚对全要素生产率增长的影响研究

4.4.1 四川省制造业全要素生产率与产业集聚现状

由表4.5可知，2000～2015年，四川省制造业全要素生产率增长比较明显，年均增长率达13.1%。其中，增速最快的是石油加工、炼焦和核燃料加工业，全要素生产率年均增长率达17.8%；增速最慢的是文教体育用品制造业，全要素生产率年均增长率为7.0%。

表 4.5　2000～2015 年四川省制造业各行业的全要素生产率和区位商

行业	全要素生产率	区位商
资源密集型产业		
农副食品加工业	1.115	1.239
食品制造业	1.119	1.068
饮料制造业	1.103	3.118
烟草制品业	1.123	0.943
木材加工和木、竹、藤、棕、草制品业	1.124	0.673

续表

行业	全要素生产率	区位商
劳动密集型产业		
纺织业	1.173	0.663
纺织服装、鞋、帽制造业	1.174	0.165
皮革、毛皮、羽毛、绒毛及其制品业	1.101	0.576
家具制造业	1.108	1.279
造纸及纸制品业	1.133	1.083
印刷业和记录媒介的复制	1.129	0.929
橡胶和塑料制品业	1.150	0.644
非金属矿物制品业	1.142	1.497
金属制品业	1.136	0.586
资本密集型产业		
文教体育用品制造业	1.070	0.057
石油加工、炼焦和核燃料加工业	1.178	0.599
化学原料和化学制品制造业	1.129	1.325
化学纤维制造业	1.12	0.857
黑色金属冶炼和压延加工业	1.131	1.715
有色金属冶炼和压延加工业	1.132	0.789
通用设备制造业	1.168	0.902
专用设备制造业	1.158	0.978
交通运输设备制造业	1.162	1.036
电气机械及器材制造业	1.129	0.508
技术密集型产业		
医药制造业	1.107	1.499
计算机、通信和其他电子设备制造业	1.092	0.856
仪器仪表及文化、办公用机械制造业	1.139	0.313
平均值	1.131	0.945

表 4.5 显示，2000～2015 年，四川省制造业不具有集聚特征和比较优势（0.945），但极少数制造产业具有集聚特征和比较优势，这些制造产业主要包括：饮料制造业（3.118）、黑色金属冶炼和压延加工业（1.715）、医药制造业（1.499）、非金属矿物制品业（1.497）、化学原料和化学制品制造

业（1.325）、家具制造业（1.279）、农副食品加工业（1.239）、造纸及纸制品业（1.083）、食品制造业（1.068）、交通运输设备制造业（1.036）。

4.4.2　变量的描述性统计与相关性分析

表 4.6 列出了主要变量的描述性统计特征和相关系数。从表 4.6 可以看出，2000～2015 年，四川省制造业全要素生产率增长与产业集聚、研发投入之间存在显著的正相关关系（$p<0.05$），全要素生产率增长与外商直接投资、人力资本（教育年限）、人力资本（教育经费支出）、制度环境之间存在显著的负相关关系（$p<0.001$）。这些相关关系将在 4.4.3 节的回归分析中做进一步的检验。

表 4.6　描述性统计分析与相关系数（四川省）

变量	平均值	标准差	1	2	3	4	5	6	7
1.ln（TFP）	0.118	0.151	1						
2.ln（AGGL）	-0.263	0.824	0.096*	1					
3.ln（FDI）	0.453	0.207	-0.346***	0.014	1				
4.ln（RD）	-0.734	0.155	0.340***	-0.034	-0.505***	1			
5.ln（HC1）	2.079	0.095	-0.315***	0.046	0.444***	-0.546***	1		
6.ln（HC2）	2.679	0.111	-0.210***	0.023	0.255***	-0.328***	0.578***	1	
7.ln（INTU）	1.937	0.059	-0.341***	-0.008	0.714***	-0.275***	0.200***	0.389***	1

*$p<0.05$，**$p<0.01$，***$p<0.001$

4.4.3　实证分析结果

1. 四川省制造产业集聚对全要素生产率增长的影响

分别运用面板固定效应模型（模型 1、模型 2 和模型 3）、面板随机效应模型（模型 4、模型 5 和模型 6）进行四川省制造产业集聚对全要素生产率增长影响的面板数据回归与检验。从 Hausman-test 检验来看，随机效应模型估计结果更为稳健。因此选择了随机效应模型进行相关分析。检验结果见表 4.7。

表 4.7　四川省制造产业集聚对全要素生产率增长的影响

变量	固定效应			随机效应		
	模型 1	模型 2	模型 3	模型 4	模型 5	模型 6
ln（FDI）	0.036	0.039	0.034	0.037***	0.036	0.033
	（0.056）	（0.056）	（0.056）	（0.056）	（0.056）	（0.056）
ln（RD）	0.188***	0.191***	0.190**	0.180***	0.181**	0.181***
	（0.054）	（0.054）	（0.053）	（0.054）	（0.053）	（0.053）
ln（HC1）	-0.356***	-0.337***	-0.345***	-0.360***	-0.366***	-0.369***
	（0.104）	（0.105）	（0.104）	（0.104）	（0.104）	（0.103）
ln（HC2）	0.128	0.128	0.129	0.126	0.125	0.126
	（0.082）	（0.082）	（0.082）	（0.082）	（0.082）	（0.082）
ln（INTU）	-0.802***	-0.807***	-0.795***	-0.815***	-0.807***	-0.797***
	（0.185）	（0.184）	（0.184）	（0.185）	（0.184）	（0.183）
ln（AGGL）		0.043	0.031		0.020*	0.021**
		（0.026）	（0.027）		（0.008）	（0.008）
ln（AGGL）×ln（FDI）			0.102**			0.099**
			（0.038）			（0.038）
–CONS	2.188***	2.148***	2.142***	2.222***	2.228***	2.214***
	（0.367）	（0.367）	（0.364）	（0.367）	（0.366）	（0.363）
R^2	0.270	0.275	0.287	0.205	0.216	0.229
Adj. R^2	0.213	0.216	0.228	0.196	0.206	0.217
F	7.134***	4.674***	4.815***	21.826***	19.443***	17.860***

*$p<0.05$，**$p<0.01$，***$p<0.001$
注：括号内数字为标准差

　　由模型 5（表 4.7）可知，四川省制造产业集聚对全要素生产率增长具有显著的正向影响（β=0.020，$p<0.05$），这种正向影响关系在后续模型 6 考虑外商直接投资的调节效应之后仍然非常显著（β=0.021，$p<0.01$）。表明四川省制造产业集聚有助于促进全要素生产率增长。

　　由模型 6（表 4.7）可知，产业集聚与外商直接投资的交互项［ln（AGGL）×ln（FDI）］对全要素生产率增长具有显著的正向影响（β=0.099，$p<0.01$）。这表明随着外商直接投资水平的增大，四川省制造产业集聚对全要素生产率增长的积极影响增大，这意味着四川省外资企业集聚导致的知识和技术溢出效应及其对全要素生产率增长的作用增大。

2. 四川省制造业分行业产业集聚对全要素生产率增长的影响

运用 Hausman-test 检验，资源密集型制造业选择固定效应模型进行相关分析，劳动密集型制造业、资本密集型制造业选择随机效应模型进行相关分析，技术密集型制造业选择混合效应模型进行相关分析。检验结果见表 4.8。

表 4.8　四川省制造业分行业产业集聚对全要素生产率增长的影响

变量	资源密集型产业 （固定效应）	劳动密集型产业 （随机效应）	资本密集型产业 （随机效应）	技术密集型产业 （混合效应）
ln（FDI）	0.017（0.107）	−0.200*（0.090）	0.192*（0.095）	0.098（0.203）
ln（RD）	−0.031（0.102）	0.080（0.085）	0.364***（0.091）	0.114（0.192）
ln（HC1）	0.130（0.210）	−0.171（0.166）	−0.577**（0.177）	−0.523（0.376）
ln（HC2）	−0.125（0.160）	−0.060（0.131）	0.294*（0.140）	0.243（0.296）
ln（INTU）	−0.942***（0.345）	−0.327（0.292）	−1.208***（0.314）	−0.748（0.664）
ln（AGGL）	−0.303***（0.075）	−0.003（0.017）	0.044***（0.011）	−0.019（0.033）
−CONS	2.020**（0.683）	1.424*（0.581）	3.068**（0.624）	2.025（1.317）
R^2	0.300	0.290	0.352	0.128
Adj. R^2	0.198	0.259	0.327	0.001
F	2.953**	9.197***	13.686***	1.006

$*p<0.05$，$**p<0.01$，$***p<0.001$
注：括号内数字为标准差

由表 4.8 可知：在资源密集型制造业中，产业集聚对全要素生产率增长具有显著的负向影响（$\beta=-0.303$，$p<0.001$）。可能的解释是：资源型制造产业集聚导致了资源短缺、生产成本上升并引致拥挤效应；同时，与资本密集型和技术密集型制造业相比，资源密集型制造业的知识和技术溢出效应相对较低。因此，资源密集型制造产业集聚不利于全要素生产率的增长。在劳动密集型制造业中，产业集聚对全要素生产率增长虽有负向影响，但该影响并不具有显著性（$\beta=-0.003$，$p>0.10$）。在资本密集型制造业中，产业集聚对全要素生产率增长具有显著的正向影响（$\beta=0.044$，$p<0.001$），这与资本密集型制造业的知识和技术溢出效应相对更高存在紧密关系。在技术密集型制造业中，产业集聚对全要素生产率增长则无显著的影响（$\beta=-0.019$，$p>0.10$）。

此外，一些控制变量对四川省制造业全要素生产率增长也具有重要影响（表 4.7）。例如，研发投入对制造业全要素生产率增长具有显著的正向影响。这表明目前四川省工业领域内的研发投入有助于促进制造业全要素生产率的增长。制度环境对制造业全要素生产率具有显著的负向影响，由于制度环境是一个反向指标，这表明制度环境越完善，四川省制造产业全要素生产率增长越明显。

4.5　云南省制造业产业集聚对全要素生产率增长的影响研究

4.5.1　云南省制造业全要素生产率与产业集聚现状

由表 4.9 可知，2000～2015 年，云南省制造业全要素生产率增长不高，年均增长率为 9.3%。其中，增速最快的是橡胶和塑料制品业，全要素生产率年均增长率达 21.1%；增速最慢的是有色金属冶炼和压延加工业，全要素生产率年均增长率为-7.2%。

表 4.9　2000～2011 年云南省制造业各行业的全要素生产率和区位商

行业	全要素生产率	区位商
资源密集型产业		
农副食品加工业	1.118	1.650
食品制造业	1.085	0.886
饮料制造业	1.116	1.865
烟草制品业	1.071	15.997
木材加工和木、竹、藤、棕、草制品业	1.136	1.214
劳动密集型产业		
纺织业	1.142	0.224
纺织服装、鞋、帽制造业	1.080	0.054
皮革、毛皮、羽毛、绒毛及其制品业	1.088	0.063
家具制造业	0.992	0.307
造纸及纸制品业	1.071	0.926

行业	全要素生产率	区位商
印刷业和记录媒介的复制	1.063	1.513
橡胶和塑料制品业	1.211	0.437
非金属矿物制品业	1.131	1.190
金属制品业	1.023	0.323
资本密集型产业		
文教体育用品制造业	1.115	0.130
石油加工、炼焦和核燃料加工业	1.079	1.971
化学原料和化学制品制造业	1.119	1.740
化学纤维制造业	1.097	0.083
黑色金属冶炼和压延加工业	1.167	1.797
有色金属冶炼和压延加工业	0.928	5.634
通用设备制造业	1.175	0.400
专用设备制造业	1.235	0.652
交通运输设备制造业	1.026	0.400
电气机械及器材制造业	1.118	0.291
技术密集型产业		
医药制造业	1.054	1.170
计算机、通信和其他电子设备制造业	1.048	0.055
仪器仪表及文化、办公用机械制造业	1.070	0.553
平均值	1.093	0.855

表 4.9 显示，2000～2015 年，云南省制造业不具有集聚特征和比较优势（0.855），但少数制造产业具有集聚特征和比较优势，这些制造产业主要包括：烟草制品业（15.997），有色金属冶炼和压延加工业（5.634），石油加工、炼焦和核燃料加工业（1.971），饮料制造业（1.865），黑色金属冶炼和压延加工业（1.797），化学原料和化学制品制造业（1.740），农副食品加工业（1.650），印刷业和记录媒介的复制（1.513），木材加工和木、竹、藤、棕、草制品业（1.214），非金属矿物制品业（1.190），医药制造业（1.170）。

4.5.2　变量的描述性统计与相关性分析

表 4.10 列出了主要变量的描述性统计特征和相关系数。从表 4.10 可以看出，2000～2015 年，云南省制造业全要素生产率增长与产业集聚之间存在显著的正相关关系（$p<0.05$），与制度环境之间存在显著的负相关关系（$p<0.10$）。这些相关关系将在 4.5.3 节的回归分析中做进一步的检验。

表 4.10　描述性统计分析与相关系数（云南省）

变量	平均值	标准差	1	2	3	4	5	6
1.ln（TFP）	0.067	0.306	1					
2.ln（AGGL）	-0.658	1.603	0.116*	1				
3.ln（RD）	-0.037	0.403	0.016	0.004	1			
4.ln（FDI）	-1.342	0.335	0.022	0.025	0.701***	1		
5.ln（HC2）	2.792	0.052	0.078	-0.024	0.182***	0.268**	1	
6.ln（INTU）	1.978	0.138	-0.084+	0.002	-0.588***	-0.755***	-0.405***	1

$+p<0.10$，$*p<0.05$，$**p<0.01$，$***p<0.001$

4.5.3　实证分析结果

1. 云南省制造产业集聚对全要素生产率增长的影响

分别运用面板固定效应模型（模型 1 和模型 2）、面板随机效应模型（模型 3 和模型 4）进行云南省制造产业集聚对全要素生产率增长影响的面板数据回归与检验。从 Hausman-test 检验来看，随机效应模型估计结果更为稳健。因此选择了随机效应模型进行相关分析。检验结果见表 4.11。

表 4.11　云南省制造产业集聚对全要素生产率增长的影响

变量	固定效应		随机效应	
	模型 1	模型 2	模型 3	模型 4
ln（FDI）	-0.009（0.050）	-0.009（0.050）	-0.010（0.050）	-0.076（0.050）
ln（RD）	-0.072（0.075）	-0.072（0.076）	-0.079（0.075）	-0.089（0.075）
ln（HC2）	0.265（0.301）	0.264（0.302）	0.281（0.301）	0.2921（0.302）

续表

变量	固定效应		随机效应	
	模型 1	模型 2	模型 3	模型 4
ln（INTU）	-0.297^{+}（0.169）	-0.297^{+}（0.171）	-0.305^{+}（0.169）	-0.323^{+}（0.169）
ln（AGGL）		0.001（0.024）		0.023^{**}（0.009）
-CONS	-0.182（0.983）	-0.182（0.985）	-0.222（0.984）	-0.216（0985）
R^2	0.140	0.140	0.013	0.028
Adj. R^2	0.075	0.073	0.004	0.016
F	2.150^{***}	2.076^{***}	1.409	2.405^{*}

$+p<0.10$，$*p<0.05$，$**p<0.01$，$***p<0.001$
注：①括号内数字为标准差；②由于人力资本（教育年限）与其他变量之间存在比较严重的多重共线性问题，实证分析中没有考虑该变量的影响

由模型 4（表 4.11）可知，云南省制造产业集聚对全要素生产率增长有显著的正向影响（β=0.023，$p<0.01$），即云南省制造产业集聚有助于促进全要素生产率增长。

2. 云南省制造业分行业产业集聚对全要素生产率增长的影响

运用 Hausman-test 检验，资源密集型制造业和技术密集型制造业选择混合效应模型进行相关分析，劳动密集型制造业和资本密集型制造业选择随机效应模型进行相关分析。检验结果见表 4.12。

表 4.12　云南省制造业分行业产业集聚对全要素生产率增长的影响

变量	资源密集型产业（混合效应）	劳动密集型产业（随机效应）	资本密集型产业（随机效应）	技术密集型产业（混合效应）
ln（FDI）	-0.011（0.047）	0.257（0.123）	-0.230^{**}（0.084）	-0.0001（0.122）
ln（RD）	0.023（0.069）	-0.352^{+}（0.196）	0.149（0.125）	-0.124（0.183）
ln（HC2）	0.437（0.281）	0.533（0.734）	0.212（0.504）	-0.274（0.736）
ln（INTU）	-0.175（0.157）	-0.613（0.447）	-0.007（0.282）	-0.535（0.418）
ln（AGGL）	-0.015（0.013）	0.014（0.058）	0.060^{***}（0.015）	-0.009（0.025）
-CONS	-0.731（0.919）	-0.662（2.738）	-0.279（1.643）	1.679（2.409）
R^2	0.125	0.124	0.131	0.046

续表

变量	资源密集型产业 （混合效应）	劳动密集型产业 （随机效应）	资本密集型产业 （随机效应）	技术密集型产业 （混合效应）
Adj. R^2	0.066	0.031	0.102	−0.071
F	2.123^+	1.335	4.576^{***}	0.391

$+p<0.10$，$**p<0.01$，$***p<0.001$
注：括号内数字为标准差

由表 4.12 可知：在资源密集型制造业中，产业集聚对全要素生产率增长具有负向影响，但该负向影响并不具有显著性（$\beta=-0.015$，$p>0.10$）；在劳动密集型制造业中，产业集聚对全要素生产率增长虽有正向影响，但该正向影响并不具有显著性（$\beta=0.014$，$p>0.10$）；在资本密集型制造业中，产业集聚对全要素生产率增长具有显著的正向影响（$\beta=0.060$，$p<0.001$）；在技术密集型制造业中，产业集聚对全要素生产率增长具有负向影响，但该负向影响并不具有显著性（$\beta=-0.009$，$p>0.10$）。上述结果的出现，与不同要素密集程度制造产业的知识和技术溢出效应不同可能存在紧密关系，比较而言，资本密集型制造业的知识和技术溢出效应更高，从而此类产业集聚有助于促进全要素生产率增长；而资源密集型、劳动密集型制造业的知识和技术溢出效应较低，从而此类产业集聚可能不利于全要素生产率增长。

此外，一些控制变量对云南省制造业全要素生产率增长也具有重要影响（表 4.11）。例如，制度环境对制造业全要素生产率增长具有显著的负向影响，考虑到制度环境是一个反向指标，这表明良好的制度环境有利于云南省制造产业全要素生产率增长。

4.6　贵州省制造业产业集聚对全要素生产率增长的影响研究

4.6.1　贵州省制造业全要素生产率与产业集聚现状

由表 4.13 可知，2000～2015 年，贵州省制造业全要素生产率增长明显，年均增长率达 13.8%。其中，增速最快的是通用设备制造业，全要素生产率年均增长率达 23.7%；增速最慢的是医药制造业，全要素生产率年均增长率仅为 5.4%。

表 4.13 2000～2011 年贵州省制造业各行业的全要素生产率和区位商

行业	全要素生产率	区位商
资源密集型产业		
农副食品加工业	1.134	0.474
食品制造业	1.104	0.618
饮料制造业	1.127	2.735
烟草制品业	1.124	7.073
劳动密集型产业		
纺织业	1.202	0.130
纺织服装、鞋、帽制造业	1.080	0.087
造纸及纸制品业	1.117	0.357
非金属矿物制品业	1.150	1.286
金属制品业	1.117	0.553
资本密集型产业		
石油加工、炼焦和核燃料加工业	1.120	0.760
化学原料和化学制品制造业	1.092	1.453
黑色金属冶炼和压延加工业	1.137	2.019
有色金属冶炼和压延加工业	1.115	2.350
通用设备制造业	1.237	0.394
专用设备制造业	1.153	0.422
交通运输设备制造业	1.136	1.284
电气机械及器材制造业	1.182	0.302
技术密集型产业		
医药制造业	1.054	1.614
计算机、通信和其他电子设备制造业	1.215	0.251
仪器仪表及文化、办公用机械制造业	1.182	0.405
平均值	1.138	0.815

表 4.13 显示，2000～2015 年，贵州省制造业不具有集聚特征和比较优势（0.815），但少数制造产业具有集聚特征和比较优势，这些制造产

业主要包括：烟草制品业（7.073）、饮料制造业（2.735）、有色金属冶炼和压延加工业（2.350）、黑色金属冶炼和压延加工业（2.019）、医药制造业（1.614）、化学原料和化学制品制造业（1.453）、非金属矿物制品业（1.286）、交通运输设备制造业（1.284）。

4.6.2　变量的描述性统计与相关性分析

表 4.14 列出了主要变量的描述性统计特征和相关系数。从表 4.14 可以看出，2000～2015 年，贵州省制造业全要素生产率增长与产业集聚之间存在显著的负相关关系（$p<0.05$），与人力资本（教育年限）之间存在显著的正向相关关系（$p<0.01$）。这些相关关系将在 4.6.3 节的回归分析中做进一步的检验。

表 4.14　描述性统计分析与相关系数（贵州省）

变量	平均值	标准差	1	2	3	4	5	6	7
1.ln（TFP）	0.129	0.220	1						
2.ln（AGGL）	−0.432	1.188	−0.120*	1					
3.ln（FDI）	−0.955	0.238	0.033	0.012	1				
4.ln（RD）	−0.742	0.094	0.074	0.030	0.574***	1			
5.ln（HC1）	2.001	0.092	0.162**	−0.125*	−0.008	−0.128*	1		
6.ln（HC2）	2.898	0.081	−0.027	−0.025	−0.251***	−0.550***	−0.009	1	
7.ln（INTU）	2.035	0.089	0.039	−0.108+	−0.012	0.046	0.740***	−0.131*	1

+$p<0.10$，*$p<0.05$，**$p<0.01$，***$p<0.001$

4.6.3　实证分析结果

分别运用面板固定效应模型（模型 1、模型 2 和模型 3）、面板随机效应模型（模型 4、模型 5 和模型 6）进行贵州省制造产业集聚对全要素生产率增长影响的面板数据回归与检验。从 Hausman-test 检验来看，随机效应模型估计结果更为稳健。因此选择随机效应模型进行相关分析。检验结果见表 4.15。

表4.15 贵州省制造产业集聚对全要素生产率增长的影响

变量	固定效应			随机效应		
	模型1	模型2	模型3	模型4	模型5	模型6
ln（FDI）	-0.062 （0.064）	-0.061 （0.064）	-0.065 （0063）	-0.061 （0.064）	-0.061 （0.064）	-0.066 （0.063）
ln（RD）	0.437* （0.195）	0.439* （0.191）	0.455. （0.189）	0.437* （0.193）	0.438* （0.191）	0.455* （0.189）
ln（HC1）	0.850*** （0.207）	0.774*** （0.208）	0.749*** （0.205）	0.850*** （0.207）	0.827*** （0.206）	0.787*** （0.203）
ln（HC2）	0.087 （0.183）	0.058 （0.182）	0.082 （0.180）	0.087 （0.183）	0.078 （0.182）	0.100 （0.179）
ln（INTU）	-0.568** （0.213）	-0.607** （0.212）	-0.578** （0.209）	-0.568** （0.213）	-0.580** （0.212）	-0.554** （0.209）
ln（AGGL）		-0.064* （0.029）	-0.051+ （0.029）		-0.020+ （0.010）	-0.016 （0.010）
ln（AGGL）×ln （HCI）			-0.333** （0.109）			-0.365*** （0.107）
-CONS	-0.402 （0.588）	-0.114 （0.598）	-0.184 （0.590）	-0.402 （0.588）	-0.315 （0.586）	-0.344 （0.579）
R^2	0.091	0.106	0.133	0.060	0.070	0.105
Adj. R^2	0.017	0.030	0.057	0.045	0.053	0.085
F	1.229	1.396	1.738*	3.975**	3.959***	5.210***

$+p<0.10$，$*p<0.05$，$**p<0.01$，$***p<0.001$
注：括号内数字为标准差

由模型5（表4.15）可知，贵州省制造产业集聚对全要素生产率增长具有显著的负向影响（$\beta=-0.020$，$p<0.10$），即贵州省制造产业集聚不利于全要素生产率增长。原因可能是，贵州省制造产业集聚导致拥挤效应，同时制造产业集聚的知识和技术溢出效应相对较低，从而不利于全要素生产率增长。

由模型6（表4.15）可知，产业集聚与人力资本（教育经费支出）的交互项［ln（AGGL）×ln（HC2）］对制造业全要素生产率增长具有显著的负向影响（$\beta=-0.365$，$p<0.001$）。这表明随着人力资本（教育经费支出）的增大，贵州省制造产业集聚对全要素生产率增长的负向作用减小。

此外，一些控制变量对贵州省制造业全要素生产率增长也具有重要影响（表 4.15）。例如，人力资本（教育年限）、研发投入对全要素生产率增长具有显著的正向影响。制度环境对全要素生产率增长具有显著的负向影响，考虑到制度环境是一个反向指标，这意味着制度环境越完善贵州省制造业全要素生产率增长越明显。

4.7　结论与讨论

4.7.1　研究结论

本章运用 2000～2015 年长江上游地区四省市（重庆、四川、云南、贵州）制造产业的面板数据，实证检验了长江上游地区制造产业集聚对全要素生产率增长的影响及情境作用机制。主要研究结论如下。

第一，重庆市制造产业集聚对全要素生产率增长具有显著的正向影响；外商直接投资负向调节制造产业集聚与全要素生产率增长关系，即随着外商直接投资水平的增大，制造产业集聚对全要素生产率增长的正向影响逐步减小；制造业的要素密集程度不同，产业集聚对全要素生产率增长的影响不同。具体而言，资本密集型制造产业集聚对全要素生产率增长具有显著的正向影响，而资源密集型、劳动密集型和技术密集型制造产业集聚对全要素生产率增长无显著的影响。

第二，四川省制造产业集聚对全要素生产率增长具有显著的正向影响；外商直接投资正向调节制造产业集聚与全要素生产率增长关系，即随着外商直接投资水平的增大，制造产业集聚对全要素生产率增长的正向影响增大；制造业的要素密集程度不同，产业集聚对全要素生产率增长的影响不同。具体而言，资源密集型制造产业集聚对全要素生产率增长具有显著的负向影响，资本密集型制造产业集聚对全要素生产率增长具有显著的正向影响。

第三，云南省制造产业集聚对全要素生产率增长具有显著的正向影响；

制造业的要素密集程度不同，产业集聚对全要素生产率增长的影响不同。具体而言，资本密集型制造产业集聚对全要素生产率增长具有显著的正向影响，而资源密集型、劳动密集型和技术密集型制造产业集聚对全要素生产率增长无显著的影响。

第四，贵州省制造产业集聚对全要素生产率增长具有显著的负向影响；人力资本（教育经费支出）负向调节制造产业集聚与全要素生产率增长关系，即随着人力资本（教育经费支出）的增大，贵州省制造产业集聚对全要素生产率增长的负向影响减小。

4.7.2　研究意义

本章研究结论对制定政策促进长江上游地区产业空间优化，以及又好又快地转变经济增长方式具有重要启示。

（1）统筹规划产业布局，根据不同产业要素密集属性选择合适的产业集聚战略。一是要努力培育和发展壮大长江上游地区资本密集型和技术密集型制造产业集群。对于这类行业，政府应创造良好的外部环境和服务平台，通过市场力量促进企业有序集聚以获取集聚优势。二是要限制长江上游地区资源密集型和劳动密集型制造产业集群建设，通过产业异地转移提高生产效益。对于这类行业，国家和地方政府应在政策倾斜、资源配置等策略方面做出更多的调整。

（2）外资利用政策应与工业园区建设相匹配。要激励长江上游地区制造产业集聚对全要素生产率增长的积极效应，外资直接投资规模必须相应地做出动态调整，工业园区建设也必须要配套合理有效的引资政策，才能达到促进长江上游地区制造业全要素生产率增长的目的。

（3）促进长江上游地区人力资本积累。一是要充分发挥四川、重庆人力资本的存量优势，有针对性地吸引培育重点领域高端科技研发人才。二是有计划地开展大规模技能人才培训。财税部门对企业职工培训费计提和使用给予税前扣除方面的更多税收优惠，并视当地财力状况对企业职工技能培训进行配套补贴。三是为具有企业家精神的人才脱颖而出创造良好的外部环境。

（4）加强监管，提高长江上游地区地方政府公共财政支出中教育经费的投资效率，确保公共财政中的教育经费支出以提高人力资本为目标。

（5）完善制度环境，扫清民营资本在市场准入、融资、税费担保等方面的各种障碍；进一步推进行政审批制度改革，完善政务公开、并联审批、"一站式"服务等制度，简化审批流程和办事环节，提高办事效率；当前，长江上游地区各级政府部门应该积极对接"长江经济带"战略和"一带一路"倡议，进一步完善促进本地区制造产业尤其是资本密集型和技术密集型制造产业集聚的制度环境，促进长江上游地区制造业产业空间优化及经济增长方式转变。

4.7.3　研究局限性及建议

本章的研究仍然存在改进的地方：①测量问题。源于数据获取的困难性，本章对产业集聚的测量，仅仅采用了区位商这一指标，没有考虑不同的产业集聚测量方法（如空间基尼系数、EG 指数）对研究结论的影响；对研发投入的测量，仅仅使用了"研发经费支出"这一指标，没有考虑研发活动的重要载体——研发人员的影响。②模型问题。源于数据获取的困难性，本章无法采用空间计量的模型以降低空间性的干扰和空间自相关性。同时，为保持四省市控制变量的一致性，部分模型可能遗漏了一些影响四省市制造业全要素生产率增长的重要变量。③由于贵州省样本量相对较少，本章没有对贵州样本按照要素密集程度进行分业检验。以上问题有待于进一步研究完善。

第5章　长江上游地区服务业集聚
对全要素生产率增长的影响研究

5.1　引言

　　产业集聚是产业空间优化和结构转型升级的重要途径，全要素生产率增长是经济可持续发展的动力，也是"新常态"下供给侧结构性改革的核心（于斌斌，2015）。学术界关于产业集聚与全要素生产率增长关系问题的研究由来已久，并日益成为国内外学术界关注的热点问题。总体上看，有关产业集聚与全要素生产率增长关系问题的前期文献主要以制造业为研究对象，针对服务业集聚与全要素生产率增长关系问题的研究则明显不足。从理论上讲，服务产业集聚的规模经济效应和拥挤效应，导致服务产业集聚对服务业全要素生产率增长可能产生正向或负向影响。围绕服务业集聚与全要素生产率增长关系，相关实证研究也得出了正向关系、负向关系、曲线关系等多种结论。例如，周文博等（2013）基于2003~2010年我国14个细分服务行业的面板数据发现，服务业集聚主要通过技术进步促进了服务业全要素生产率增长，但该正向影响的边际效应将逐步减弱。舒辉等（2014）利用2003~2011年中国30个省区物流产业的面板数据检验发现，物流产业集聚不仅能够促进物流产业全要素生产率增长，而且能够通过空间外溢效应促进周边地区的全要素生产率增长。洪功翔等（2014）基于2004～2011年中国30个省区银行业和证券业的面板数据检验揭示，银行业集聚和证券业集聚对全要素生产率增长具有显著的正向影响，并且银行业集聚对全要素生产率增长的影响大于证券业集聚对全要素生产率增长的影响，而保险业集聚对全要素生产率增长则产生了明显的抑制作用；从区域层面来看，银行业集聚对全要素生产率增长的促进作用只体现在西部地区，证券业集聚对东中西部地区的全要素生产率增长均存在显著的正向作用，而保险业集聚仅对中西部地区全要素生产率增长的负向效应显著，对东部地区的负向效应则不显著。钟延勇等（2015）对中国各省区1998～2009年7个文化产业的研究发现，地区产业专业化水平显著地促进了文化产业全要素生产率增长。郭悦等（2015）利用2005～2012年中国旅游业的面板数据检验揭示，旅游产业集聚对各省旅游产业全要素生产率具有显著的正向影响。袁丹和雷宏振（2015）发现，我国生产性服务业多样化集聚显著地促进了生产性服务业的全要素生产率、技术进步效率和纯技术效率增长。鹿坪（2017）基于2004～2015年中国286个地级城市面板数据检验发现，生产性服务业集聚显著提高了地区全要素生产率，并且生产性服务业集聚对地区全要素生产率的正影响主要通过提升技术效率来实现。林春（2016）利用2000～2014年中国31个省区金融业的面板数据发现，金融产业集聚对金融业全要素生产率、技术进步和技术效率具有显著的促进作用；从区域层面来看，东部地区金融产业集聚对金融业全要素生产率具有显著的促进作用，中西部地区的金融产业集聚对金融业全要素生产率则产生了显著的抑制作用。李子叶等（2015）利用2003～2012年中国29个省区生产性服务业的面板数据检验揭示，生产性服务业聚集在总体上有利于全要素生产率增长，但这种促进作用不是简单的线性效应关系，而是存在显著的U型影响关系。

　　综上可知，关于服务业集聚与全要素生产率增长关系，目前国内文献大多集中于全国层面的分析研究，并以制造业为主要研究样本，针对长江上游地区服务业集聚与全要素生产率增长关系问题的实证研究很少。

本章的主要研究意义如下：利用长江上游地区（重庆、四川、云南、贵州）2006～2015 年服务行业的面板数据，采用数据包络分析（DEA）的 Malmquist 生产率指数方法，测算长江上游地区服务业细分行业的全要素生产率及变化情况；研究长江上游地区服务业集聚对全要素生产率增长的影响及影响机制。本章的研究成果有助于弥补目前国内学术界针对长江上游地区服务业集聚与全要素生产率增长关系实证研究成果严重不足的缺陷；研究成果对长江上游地区服务产业空间优化、经济增长方式转变及政府政策制定也具有一定的指导意义。

5.2　研究样本与变量测量

5.2.1　研究样本

本章以 2006～2015 年长江上游地区服务业为研究样本。鉴于 2002 年《国民经济行业分类与代码》（GB/T4754—2002）标准对服务业细分行业调整较大，直到 2005 年后各省区对服务业细分行业的统计口径才基本一致，因此为兼顾数据一致性和可获得性，本章研究时期确定为 2006～2015 年，服务业细分行业具体选取 5 个行业，即"交通运输、仓储和邮政业""批发和零售业""住宿和餐饮业""金融业"和"房地产业"。

5.2.2　变量测量

1. 被解释变量

全要素生产率（TFP）。采用 DEA-Malmquist 指数法测算 2006～2015 年长江上游地区四省市（重庆、四川、云南和贵州）服务业 Malmquist 生产率指数。该指数代表环比改进指数，数值大于 1，表明指标相对上年呈现提升或改善的状态。具体而言，关于产出指标，以长江上游地区细分服务行业增加值作为表征，并将各年数据平减为 2005 年基期的不变价产出；关于劳动投入，以长江上游地区服务业细分行业全部从业人数作为表征，其中全部从业人数为城镇非私营单位就业人数与私营和个体单位就业人数之和；关于资本投入，以长江上游地区服务业细分行业的资本存量来表示资本投入，借鉴单豪杰（2008）的方法，利用永续盘存法进行估算，以 2005 年为基期，使用固定资产价格指数进行平减，把服务业细分行业固定资产投资折算成不变价资本存量。对全要素生产率采用全要素生产率增长率来度量。因此，需要对 Malmquist 生产率指数（TFPCH）进行相应的变换。参考李梅和柳士昌（2012）的做法，将 Malmquist 生产率环比改进指数转换为以 2005 年为基期的定比改进指数，即假定 2005 年的全要素生产率为 1，然后利用测算出的 Malmquist 生产率指数进行连乘而得到 2006～2015 年的全要素生产率水平指数。

使用 DEAP 2.1 软件进行计算，获得了长江上游地区服务业 Malmquist 生产率指数（TFPCH），该指数等于技术效率变化指数（EFFCH）和技术进步指数（TECH）的乘积，而技术效率变化指数（EFFCH）等于纯技术效率变化指数（PECH）和规模效率变化指数（SECH）的乘积。由表 5.1 可知，2006～2015 年，长江上游地区服务业全要素生产率增长很慢，整体的年平均增长率为-3.1%，即服务业全要素生产率增长出现下降态势。其中；服务业全要素生产率增速最快的是交通运输、仓储和邮政业，全要素生产率年均增长率达 3.7%；其次是金融业，全要素生产率年均增长率为 2.5%；服务业全要素生产率增速最慢的是批发和零售业，全要素生产率年均增长率为-13.4%，即批发和零售业全要素生产率增长出现下降态势。

表 5.1　2006～2015 年长江上游地区服务业细分行业 Malmquist 生产率
指数及其分解、区位商

行业	EFFCH	TECH	PECH	SECH	TFPCH	区位商
交通运输、仓储和邮政业	0.956	1.084	0.926	1.033	1.037	0.820
批发和零售业	0.898	0.964	1.000	0.898	0.866	0.996
住宿和餐饮业	0.911	1.089	0.968	0.941	0.992	1.166

续表

行业	EFFCH	TECH	PECH	SECH	TFPCH	区位商
金融业	1.000	1.025	1.000	1.000	1.025	0.854
房地产业	0.880	1.063	0.952	0.924	0.936	0.934
整体平均值	0.928	1.044	0.969	0.958	0.969	0.968

从 TFPCH 指数分解来看，2006～2015 年，长江上游地区服务业技术进步（TECH）年平均增长率为 4.4%，技术效率（EFFCH）年平均增长率为-7.2%，技术效率退化表现在纯技术效率和规模效率的恶化。以上数据至少说明两点：一是长江上游地区服务业全要素生产率的提升主要由技术进步推动，技术效率作用不明显；二是长江上游地区服务业管理效率不高，服务业的发展并没有形成有效的规模经济。从服务业细分行业来看，技术进步起到的作用具有较大的一致性，相对逊色的是批发和零售业，技术进步的作用不明显。

2. 解释变量

产业集聚（AGGL）。目前，国内外学术界关于产业集聚的测量指标主要包括区位商、行业集中度、空间基尼系数、EG 指数等，这些指标各有优缺点。区位商可以消除区域规模的差异因素，能够较真实地反映地理要素的空间分布情况，被国内外较多学者采用。计算公式见式（4.1）。

一般认为，区位商越大，表明该地区该产业的集聚趋势越明显；区位商大于 1，表明该产业在该地区具有集聚特征和比较优势。本章选取2006～2015 年重庆、四川、云南和贵州四省市服务业细分各行业的年末从业人员数的区位商来衡量服务业的集聚水平。其中服务业细分行业的全部从业人数为城镇非私营单位就业人数与私营和个体单位就业人数之和。

表 5.1 显示，2006～2015 年，长江上游地区服务业不具有集聚特征和比较优势（0.968）；但是，服务业中的住宿和餐饮业显现出集聚特征和比较优势（1.166）；交通运输、仓储和邮政业（0.820），批发和零售业

（0.996），金融业（0.854），房地产业（0.934）并没有表现出明显的集聚特征，在全国也不具有比较优势。

3. 控制变量

根据前期研究成果，本章还控制了可能影响长江上游地区服务业全要素生产率增长的其他 5 个重要变量，具体包括人力资本、交通基础设施、对外开放程度（外商直接投资、进出口贸易）、科技水平。

人力资本（HC）。人力资本是经济增长的内在源泉。本章采用城镇单位人员实际平均工资（万元）衡量，并按照城镇单位人员工资指数剔除了物价变动的影响。

交通基础设施（INFR）。交通基础设施改善可以降低运输费用、节约运输时间、缩短运输里程、加快货物流转速度，促进商贸流通、房地产开发等服务业发展和服务业全要素生产率的变化。本章采用每万人公路里程数（千米）衡量。

对外开放程度。对外开放程度在一定程度上说明了该地经济与世界经济的关联度，对服务业发展和服务业全要素生产率的变化具有重要影响。本章选取外商直接投资和进出口贸易两个指标来衡量一个地区的对外开放程度。其中，外商直接投资（FDI），采用外商直接投资占地区生产总值的比重（%）来测量；进出口贸易（TRAD），采用进出口总额占地区生产总值的比重（%）来测量。为保持量纲一致性，将各年度外商直接投资额和进出口总额按当年平均货币汇率转换为人民币金额。

科技水平（SCIE）。已有的研究指出，科技水平对服务业全要素生产率具有重要作用。本章采用政府一般预算财政支出中科技支出的比重（%）来衡量。

以上变量数据主要来源于历年《中国统计年鉴》《中国第三产业统计年鉴》《重庆统计年鉴》《四川统计年鉴》《云南统计年鉴》和《贵州统计年鉴》。

5.3　变量的描述性统计与相关性分析

表 5.2 列出了主要变量的描述性统计特征和相关系数。从表 5.2 可以看出，2006～2015 年，长江上游地区服务业全要素生产率增长与服务业集聚之间存在显著的负相关关系（$p<0.05$）；全要素生产率增长与人力资本之间存在显著的负相关关系（$p<0.05$）。这些相关关系将在 5.4 节的回归分析中做进一步的检验。

表 5.2　描述性统计分析与相关系数

变量	平均值	标准差	1	2	3	4	5	6	7
1.TFP	0.952	0.327	1						
2.AGGL	0.953	0.136	-0.331*	1					
3.HC	1.283	0.521	-0.348*	-0.645**	1				
4.INFR	38.687	4.809	-0.163	0.046	-0.359*	1			
5.FDI	1.673	0.431	-0.051	0.089	-0.137	0.590**	1		
6.TRAD	13.522	3.328	-0.153	0.020	-0.323*	0.778**	0.330*	1	
7.SCIE	1.015	0.222	-0.106	0.020	-0.229	0.552**	0.164	0.422**	1

*$p<0.05$，**$p<0.01$

5.4　实证分析结果

分别运用面板固定效应模型（模型 1、模型 2 和模型 3）、面板随机效应模型（模型 4、模型 5 和模型 6）进行长江上游地区服务业集聚对全要素生产率增长影响的面板数据回归与检验。从 Hausman-test 检验来看，固定效应模型估计结果更为稳健。因此选择了固定效应模型进行相关分析。检验结果见表 5.3。

表 5.3　长江上游地区第三产业集聚对全要素生产率增长的影响

变量	固定效应			随机效应		
	模型 1	模型 2	模型 3	模型 4	模型 5	模型 6
HC	-0.784**	-0.649*	-0.666**	-0.364	-0.479*	0.142
	（0.276）	（0.248）	（0.242）	（0.222）	（0.209）	（0.093）

续表

变量	固定效应			随机效应		
	模型 1	模型 2	模型 3	模型 4	模型 5	模型 6
INFR	-0.039**	-0.034**	-0.035**	-0.024+	-0.028*	-0.004
	(0.013)	(0.012)	(0.012)	(0.012)	(0.011)	(0.015)
FDI	0.130+	0.155*	0.136*	0.083	0.138*	0.003
	(0.067)	(0.060)	(0.060)	(0.068)	(0.059)	(0.102)
TRAD	-0.015	-0.014	-0.016+	-0.009	-0.011	-0.011
	(0.010)	(0.09)	(0.009)	(0.011)	(0.009)	(0.016)
SCIE	-0.061	-0.042	-0.059	-0.037	-0.032	-0.062
	(0.111)	(0.098)	(0.096)	(0.116)	(0.098)	(0.182)
AGGL		-1.311**	-1.012*		-1.395***	-0.936**
		(0.386)	(0.414)		(0.369)	(0.336)
AGGL^2			2.162+			9.948***
			(1.243)			(1.503)
-CONS	3.507***	4.331***	4.109***	2.358***	3.943***	1.847**
	(0.774)	(0.730)	(0.723)	(0.654)	(0.697)	(0.591)
R^2	0.294	0.455	0.495	0.259	0.449	0.259
F	3.320*	5.43***	5.32***	10.41+	31.000***	59.01***
N	50	50	50	50	50	50

$+p<0.10$，$*p<0.05$，$**p<0.01$，$***p<0.001$
注：括号内数字为标准差

由模型 2（表 5.3）可知，长江上游地区服务业集聚对全要素生产率增长具有显著的负向影响（$\beta=-1.311$，$p<0.01$）；模型 3（表 5.3）加入服务业集聚水平的二次项后，长江上游地区服务业集聚与全要素生产率增长之间呈现出显著的 U 型关系（$\beta=-1.012$，$p<0.05$；$\beta=2.162$，$p<0.10$）。从模型 2 和模型 3 的 R^2 变化来看，加入二次项后模型的解释力提高了。因此，长江上游地区服务业集聚与全要素生产率增长关系并非是简单线性关系，而是呈现先下降后上升的 U 型关系。这说明在服务业集聚的早期阶段，服务业集聚程度越高越不利于全要素生产率的提升，但当服务业集聚程度达到一定水平之后，服务全要素生产率开始随着服务业集聚程度的不断提高而上升。原因可能是：当长江上游地区服务业的集聚程度较低时，服务企业之

间的同质化低水平竞争抬高了要素成本，外部不经济、过度竞争对服务企业运行效率产生了负向影响，对服务产业全要素生产率的提升形成了"阻滞效应"；随着服务业集聚程度的进一步提高，整个行业迎来快速发展，资源共享、服务贡献、规模经济、整个社会服务网络形成等优势也越来越凸显，规模经济和外部经济优势越来越明显，从而服务业集聚对全要素生产率增长由负向影响转向正向影响；此外，研究样本以传统服务为主，而传统服务业集聚的知识和技术溢出效应相对较低，这也是服务业集聚对全要素生产率增长呈现 U 型影响关系的重要原因之一。

此外，一些控制变量对长江上游地区服务业全要素生产率增长也具有重要影响。例如，人力资本（城镇单位人员平均工资）、交通基础设施（每万人公路里程数）对长江上游地区服务业全要素生产率增长具有显著的负向影响，即长江上游地区城镇单位就业人员工资水平和公路密度的增加不利于服务业全要素生产率增长。原因可能是：长江上游地区服务业发展水平和层次相对较低，因此对劳动力素质的要求相对较低，高水平的人力资本反而不利于全要素生产率增长；现阶段我国高速公路收费不合理，导致公路密度增加可能不利于服务业全要素生产率增长。此外，外商直接投资对全要素生产率增长具有显著的正向影响，即外商直接投资产生的知识与技术溢出效应有助于服务业全要素生产率的增长。

5.5　结论与讨论

5.5.1　研究结论

本章利用 2006～2015 年长江上游地区（重庆、四川、云南、贵州）的交通运输、仓储和邮政业，批发和零售业，住宿和餐饮业，金融业和房地产业 5 个细分服务行业的面板数据，实证检验长江上游地区服务业集聚对全要素生产率增长的影响及机制，主要研究结论如下：①总体上看，2006～2015 年，长江上游地区服务业全要素生产率年均增长-3.1%，即服务业全要素生产率增长出现下降态势，其中，技术进步年均增长率为 4.4%，技术效率年均增长率为-7.2%，技术效率退化表现在纯技术效率和规模效率的恶化。这说明长江上游地区服务业全要素生产率的增长主要由技术进步所推动，服务业管理效率不高，服务业的发展并没有形成有效的规模经济。②总体上看，2006～2015 年，长江上游地区服务业不具有集聚特征和比较优势，但服务业中的住宿和餐饮业显现出集聚特征并具有比较优势；交通运输、仓储和邮政业，批发和零售业，金融业，房地产业并没有表现出明显的集聚特征。③长江上游地区服务业集聚对全要素生产率增长具有显著的 U 型影响，即随着服务业集聚程度的提高，长江上游地区服务业集聚对服务业全要素生产率增长的影响呈现出先下降后上升的态势。

5.5.2　研究意义

本章研究结论对制定政策促进长江上游地区服务业空间优化，以及又好又快地转变经济增长方式具有重要启示。①积极促进长江上游地区服务业全要素生产率的稳步提高，长江上游地区服务业在引进技术的同时，应着重提高管理水平，注重从服务业技术效率的改善方面提升服务业全要素生产率。②统筹规划长江上游地区服务产业空间布局。一是要避免传统服务业低水平集聚从而恶化生产效率，政府应有计划、有步骤地消减这些传统服务行业的集聚程度；二是要积极发展现代服务业尤其是现代生产性服务业，科学合理地划分现代服务业不同的功能区域，以功能区、集聚区建设为载体，通过规划布局、政策引导和必要的财政支持等形式，支持现代服务业尤其是现代生产性服务业在长江上游地区集聚；三是要根据服务业发展和集聚的阶段性特点来制定产业扶持政策和发展重点。③摒弃过度依赖大规模基础设施投资拉动经济发展的做法，积极调整和优化长江上游地区交通基础设施建设规模、结构及收费制度，促进长江上游地区交通基础设施对服务业生产要素生产率增长发挥积极作用。④积极提升长江上游地区服务业人力资本水平。一是要充分发挥四川、重庆人力资本的存量优势，有针对性地吸引培育重点服务行业高端人才；二是有计划地开展大规模技能人才培训；三是为具有企业家精神的人才脱颖而出创造良好的外部环境。⑤深化制度改革，扫清长江上游地区现代服务业要素流动的体制性障碍，通过要素的流动，引领经济资源在不同所有制企业间流转，尤其是现代服务业的发展要更多地惠及非公有制服务企业，培育多种形式的市场主体，通过营造服务业发展的良好环境，激发服务业企业的技术赶超和管理优化，从而稳步提高技术效率；政府应在信息、资金、政策等方面对本地现代服务业集聚的形成和发展加以扶持。

5.5.3　研究局限性及建议

本章的研究仍然存在改进的地方。①样本服务业的选择问题。鉴于数据的可获得性和完整性，本章有关服务业细分行业的选取仅仅考虑了交通运输、仓储和邮政业，批发和零售业，住宿和餐饮业，金融业和房地产业5个服务行业，较少选择现代服务业尤其是现代生产性服务业，因此研究样本可能无法很好地反映长江上游地区服务业发展的总体情况。②测量问题。源于数据获取的困难性，本章对产业集聚的测量，仅仅采用了区位商这一指标，没有考虑到各行业集聚的区域差异和空间相关性，如没有使用空间基尼系数、EG指数等指标进行测量。③模型问题。源于数据获取的困难性，本章无法采用空间计量模型以降低空间性的干扰和空间自相关性。

第 6 章 典型地区产业空间优化与经济增长方式转变的经验借鉴

受区域经济发展水平、外部制度和社会文化环境等因素的影响，我国不同地区的产业空间优化与经济增长方式转变可能存在一定的差异，而各地区在推动产业空间优化与经济增长方式转变上所采用的对策措施也有所不同。因此，系统地梳理不同地区尤其是经济发达地区产业空间优化与经济增长方式转变的经验，对长江上游地区产业空间优化与经济增长方式转变具有重要借鉴意义。

6.1 长三角地区产业空间优化与经济增长方式转变的经验借鉴

6.1.1 长三角地区产业空间布局与经济发展现状

广义上的长三角是指包括江苏、浙江、上海两省一市的全部区域。长三角地区土地面积 21.07 万 km²，占全国国土面积的 2.22%，人口约 1.3 亿，约占全国人口的 10%。长三角经济腹地广阔，内河交通便利，气候条件宜人，是我国最重要的经济核心区之一。2014 年地区生产总值为 128 829.10 亿元，占全国的 20.25%。其中，第一产业增加值占全国的比重为 9.49%，第二产业增加值占全国的比重为 21.41%，第三产业增加值占全国的比重为 21.27%，是全国重要的制造业和服务业集聚地区（表 6.1）。在工业内部，制造业集聚态势明显，2014 年制造业区位商大于 1 的行业及空间布局情况是（表 6.2）：化学纤维制造业（2.92），主要布局在江苏和浙江；仪器仪表制造业（1.87），布局在上海、江苏和浙江；通用设备制造业（1.64），布局在上海、江苏和浙江；纺织业（1.62），主要布局在江苏和浙江；电气机械和器材制造业（1.53），布局在上海、江苏和浙江；纺织服装、服饰业（1.48），主要布局在江苏和浙江；计算机、通信和其他电子设备制造业（1.38），主要布局在上海和江苏；其他制造业（1.33），主要布局在上海和浙江；金属制品业（1.30），布局在上海、江苏和浙江；专用设备制造业（1.22），主要布局在上海和江苏；金属制品、机械和设备修理业（1.20），主要布局在上海和浙江；橡胶和塑料制品业（1.14），主要布局在上海和浙江；文教、工美、体育和娱乐用品制造业（1.08），主要布局在江苏和浙江；家具制造业（1.06），主要布局在上海和浙江；化学原料和化学制品制造业（1.03），主要布局在江苏；印刷业和记录媒介复制业（1.01），主要布局在上海。以上制造业具有一定的集聚态势和比较优势；在服务业内部，批发和零售业（1.20）、金融业（1.15）、住宿和餐饮业（1.03）和其他服务业（1.02）具有一定的集聚态势和比较优势（表 6.3）。总体上看，上海的产业集聚大都属于技术密集型的高端制造业和资本密集型产业，江苏的产业集聚大都属于技术密集型产业和资本密集型产业，浙江的产业集聚大都属于资本密集型产业和劳动力密集型产业。

表 6.1　2014 年长三角地区经济发展总体状况

地区	地区生产总值		第一产业		第二产业		第三产业	
	地区生产总值/亿元	占全国比重/%	增加值/亿元	占全国比重/%	增加值/亿元	占全国比重/%	增加值/亿元	占全国比重/%
上海	23 567.70	3.70	124.26	0.21	8 167.71	3.01	15 275.72	4.99
江苏	65 088.32	10.23	3 634.33	6.23	30 854.50	11.35	30 599.49	10.00

续表

地区	地区生产总值		第一产业		第二产业		第三产业	
	地区生产 总值 / 亿元	占全国 比重 /%	增加值 / 亿元	占全国 比重 /%	增加值 / 亿元	占全国 比重 /%	增加值 / 亿元	占全国 比重 /%
浙江	40 173.03	6.32	1 777.18	3.05	19 175.06	7.06	19 220.79	6.28
长三角地区	128 829.10	20.25	5 535.77	9.49	58 197.27	21.41	65 096.00	21.27

资料来源：根据《中国统计年鉴（2015）》数据计算

表 6.2　2014 年长三角地区规模以上工业企业区位商

行业	上海	江苏	浙江	长三角地区
采掘业	**0.00**	**0.14**	**0.03**	**0.09**
煤炭开采和洗选业	0.00	0.14	0.00	0.08
石油和天然气开采业	0.01	0.12	0.00	0.06
黑色金属矿采选业	0.00	0.09	0.03	0.06
有色金属矿采选业	0.00	0.03	0.07	0.04
非金属矿采选业	0.00	0.45	0.26	0.33
开采辅助活动	0.00	0.00	0.00	0.00
其他采矿业	0.00	0.00	0.00	0.00
制造业	**1.11**	**1.10**	**1.10**	**1.10**
农副食品加工业	0.28	0.43	0.29	0.36
食品制造业	1.48	0.38	0.47	0.54
酒、饮料和精制茶制造业	0.36	0.44	0.42	0.42
烟草制品业	0.75	0.27	0.24	0.31
纺织业	0.34	1.54	2.18	1.62
纺织服装、服饰业	0.85	1.39	1.84	1.48
皮革、毛皮、羽毛、绒毛及其制品和制鞋业	0.46	0.44	1.73	0.88
木材加工和木、竹、藤、棕、草制品业	0.30	1.17	0.57	0.87
家具制造业	1.50	0.39	1.97	1.06
造纸和纸制品业	0.93	0.72	1.24	0.92
印刷业和记录媒介复制业	1.29	0.98	0.98	1.01
文教、工美、体育和娱乐用品制造业	0.63	1.02	1.33	1.08
石油加工、炼焦和核燃料加工业	0.80	0.32	0.13	0.31
化学原料和化学制品制造业	0.98	1.25	0.70	1.03
医药制造业	1.13	0.79	0.80	0.83

续表

行业	上海	江苏	浙江	长三角地区
化学纤维制造业	0.33	3.05	3.60	2.92
橡胶和塑料制品业	1.54	0.90	1.38	1.14
非金属矿物制品业	0.42	0.60	0.46	0.53
黑色金属冶炼和压延加工业	0.38	0.87	0.51	0.69
有色金属冶炼和压延加工业	0.43	0.63	0.60	0.60
金属制品业	1.55	1.21	1.35	1.30
通用设备制造业	1.99	1.44	1.84	1.64
专用设备制造业	1.36	1.38	0.94	1.22
汽车制造业	1.97	0.74	1.04	0.98
铁路、船舶、航空航天和其他运输设备制造业	1.33	1.59	0.85	1.30
电气机械和器材制造业	1.41	1.45	1.70	1.53
计算机、通信和其他电子设备制造业	1.89	1.76	0.60	1.38
仪器仪表制造业	1.56	2.03	1.73	1.87
其他制造业	1.01	0.86	2.18	1.33
废弃资源综合利用业	0.45	0.71	1.47	0.94
金属制品、机械和设备修理业	4.34	0.24	1.65	1.20
电、热、气、水生产和供应业	**0.46**	**0.36**	**0.53**	**0.43**
电力、热力的生产和供应业	0.29	0.31	0.49	0.37
燃气生产和供应业	1.41	0.54	0.38	0.59
水的生产和供应业	1.12	0.62	0.90	0.78

资料来源：根据《中国工业统计年鉴（2015）》就业人数计算；制造业的统计口径对应《国民经济行业分类与代码》（GB/T4754—2011）

表 6.3　2014 年长三角地区各省市服务业区位商

行业	上海	江苏	浙江	长三角地区
交通运输、仓储和邮政业	0.98	0.88	0.84	0.89
批发和零售业	1.58	1.03	1.25	1.20
住宿和餐饮业	0.87	0.96	1.25	1.03
金融业	1.97	0.99	0.94	1.15
房地产业	1.08	0.91	0.90	0.94
其他服务业	1.22	1.00	0.94	1.02

资料来源：根据《中国统计年鉴（2015）》数据计算

在改革开放初期，长三角地区主要依靠内资投入作为推动地区经济增长的主要动力。为了得到促进地区经济发展所需的资金、技术和管理，只能采取"生产要素驱动型"的经济增长方式，发展劳动密集型产业。近年来，该地区资源损耗和环境污染等问题有所缓解，经济增长方式呈现出向集约型经济增长方式转变的迹象；但总体上看，长三角地区经济增长方式仍然具有粗放型经济增长的特点（于津平和许小雨，2011）。

1. 上海市产业空间布局与经济发展现状

产业结构的转型与升级是拉动经济增长及方式转变的重要形式。上海市产业结构以现代服务业和工业（制造业）为主体，现代服务业在上海市产业结构中占据突出地位，成为支撑上海经济增长及方式转变的重要力量。例如，2014 年上海市第二、第三产业增加值占地区生产总值的比重分别为 34.66% 和 64.82%，服务经济对经济增长的支撑和贡献明显。1999年，上海市第二、第三产业增加值占地区生产总值的比重分别为 47.4% 和 50.8%，第三产业增加值比重首次超过第二产业（表 6.4）。在工业内部，制造业集聚态势明显，2014 年制造业区位商大于 1 的行业分别是（表 6.2）：金属制品、机械和设备修理业（4.34），通用设备制造业（1.99），汽车制造业（1.97），计算机、通信和其他电子设备制造业（1.89），仪器仪表制造业（1.56），金属制品业（1.55），橡胶和塑料制品业（1.54），家具制造业（1.50），食品制造业（1.48），电气机械和器材制造业（1.41），专用设备制造业（1.36），铁路、船舶、航空航天和其他运输设备制造业（1.33），印刷业和记录媒介复制业（1.29），医药制造业（1.13），其他制造业（1.01），以上行业具有一定的集聚态势和比较优势；同时，工业内部结构中，高新技术产业、战略性新兴产业、电子信息产品制造业发展迅速，如 2015 年规模以上工业中，上海市高新技术产业总产值比重达 21.7%。在服务业内部，批发和零售业、金融业、其他服务业增加值占地区生产总值的比重较大，分别为 15.48%、14.43% 和 22.23%（表 6.5）；同时，金融业、批发和零售业、房地产业和其他服务业的区位商大于 1（表 6.3）。表明金融业、批发和零售业、房地产业和其他服务业具有一定的聚集态势和比较优势。

表 6.4　1999～2015 年长三角地区三次产业结构的动态变化　（单位：%）

年份	上海			江苏			浙江		
	第一产业	第二产业	第三产业	第一产业	第二产业	第三产业	第一产业	第二产业	第三产业
1997	2.1	51.6	46.3	15.5	51.1	33.4	13.2	53.3	32.5
1998	1.9	49.3	48.8	14.5	50.6	34.9	12.1	54.5	33.3
1999	1.8	47.4	50.8	13.5	50.9	35.6	11.1	54.6	34.2
2000	1.6	46.3	52.1	12.2	51.9	35.9	10.3	53.3	36.4
2001	1.5	46.1	52.4	11.6	51.9	36.5	9.6	51.8	38.6
2002	1.4	45.7	52.9	10.5	52.8	36.7	8.6	51.1	40.3
2003	1.2	47.9	50.9	9.3	54.6	36.1	7.4	52.5	40.1
2004	1.0	48.2	50.8	9.1	56.3	34.6	7.0	53.6	39.4
2005	1.0	47.4	51.6	7.9	56.6	35.6	6.7	53.4	39.9
2006	0.9	47.0	52.1	7.1	56.5	36.4	5.9	54.1	40.0
2007	0.8	44.6	54.6	7.0	55.6	37.4	5.3	54.1	40.6
2008	0.8	43.2	56.0	6.8	54.8	38.4	5.1	53.9	41.0
2009	0.7	39.9	59.4	6.5	53.9	39.6	5.1	51.6	43.4
2010	0.7	42.0	57.3	6.1	52.5	41.4	4.9	51.1	44.0
2011	0.7	41.3	58.0	6.3	51.3	42.4	4.9	50.5	44.6
2012	0.6	39.0	60.4	6.3	50.2	43.5	4.8	48.9	46.3
2013	0.6	36.2	63.2	5.8	48.7	45.5	4.7	47.8	47.5
2014	0.5	34.7	64.6	5.6	47.4	47.0	4.4	47.7	47.9
2015	0.4	31.8	6.8	5.7	45.7	48.6	4.3	45.9	49.8

资料来源：《上海统计年鉴》《江苏统计年鉴》《浙江统计年鉴》

表 6.5　2014 年长三角地区各省市服务业增加值及占地区生产总值的比重

行业	上海		江苏		浙江	
	增加值/亿元	占地区比重/%	增加值/亿元	占地区比重/%	增加值/亿元	占地区比重/%
交通运输、仓储和邮政业	1 044.46	4.43	2 591.15	3.98	1 529.93	3.81
批发和零售业	3 647.33	15.48	6 559.03	10.08	4 911.71	12.23

续表

行业	上海		江苏		浙江	
	增加值 /亿元	占地区比 重/%	增加值 /亿元	占地区比 重/%	增加值 /亿元	占地区比 重/%
住宿和餐饮业	359.28	1.52	1 094.45	1.68	884.91	2.20
金融业	3 400.41	14.43	4 723.69	7.26	2 767.44	6.89
房地产业	1 530.96	6.50	3 564.44	5.48	2 166.86	5.39
其他服务业	5 261.94	22.33	11 857.96	18.22	6 870.58	17.10

资料来源：根据《中国统计年鉴（2015）》数据计算

改革开放以来，上海经济增长主要依靠劳动和资源等要素的大规模投入，经历了经济增长的起飞和高速增长阶段之后，进入"十二五"时期，"人口红利"和"资本红利"消退，要素的规模驱动力减弱，经济增速放缓。例如，按照可比价格计算，2011～2014 年 GDP 增速分别为 8.2%、7.5%、7.7% 和 7.0%。2011～2017 年，上海市经济增长速度放缓，但经济增长质量却得到了提高。在长三角两省一市中，上海市经济增长的集约化趋势最为明显。

2. 江苏省产业空间布局与经济发展现状

江苏省产业结构以工业（制造业）和服务业为主体，注重并重发展。例如，2014 年江苏省第二、第三产业增加值占地区生产总值的比重分别为 47.40% 和 47.01%。2015 年江苏省第三产业增加值占地区生产总值的比重达到 48.6%，首次超过第二产业（表 6.4）。在工业内部，制造业集聚态势明显，2014 年江苏省制造业区位商大于 1 的行业分别是（表 6.2）：化学纤维制造业（3.05），仪器仪表制造业（2.03），计算机、通信和其他电子设备制造业（1.76），铁路、船舶、航空航天和其他运输设备制造业（1.59），纺织业（1.54），电气机械和器材制造业（1.45），通用设备制造业（1.44），专用设备制造业（1.38），纺织服装、服饰业（1.39），化学原料和化学制品制造业（1.25），金属制品业（1.21），木材加工和木、竹、藤、棕、草制品业（1.17），文教、工美、体育和娱乐用品制造业（1.02），以上行业具有一定的集聚态势和比较优势；同时，工业内部结构中，高新技术产业、战略性新兴产业发展迅速，如2015年江苏省规模以上工业中，战略性新兴产业增加值占比超过30%。在服务业内部，批发和零售业、其他服务业增加值占地区生产总值的比重分别为10.08%和18.22%（表6.5）；同时，批发和零售业的区位商大于1，表明该行业具有一定的集聚态势和比较优势（表6.3）。

改革开放以来，江苏省经济的"高增长"主要是依靠资本、劳动力等要素投入的增加来维持的，在历经30多年的高速增长之后，进入"十二五"时期，要素约束强化、成本上升，要素投入规模尤其是劳动力投入规模对经济增长的影响减弱，经济增速放缓。例如，按照可比价格计算，2011~2014年GDP增速分别为11%、10.1%、9.6%和8.7%，但经济增长质量有所提高。

3. 浙江省产业空间布局与经济发展现状

近年来，浙江省产业结构趋向于从工业主导转向服务业主导，产业向中高端升级趋势开始全面显现。例如，2014年浙江省第二、第三产业增加值占地区生产总值的比重分别为47.73%和47.85%，第三产业增加值比重首次超过第二产业（表6.4），受益于互联网络的发展，电子商务、物流快递、互联网金融，以及信息传输、计算机服务和软件业等快速成长（其中，2014年浙江全省电子商务交易额突破2万亿元，增长25%），表明浙江已经开始进入主要以服务业快速发展来推动经济增长的新轨道，服务经济和信息经济成为拉动经济增长的新动力。在工业内部，制造业集聚态势明显，2014年浙江省制造业区位商大于1的行业分别是（表6.2）：化学纤维制造业（3.60），纺织业（2.18），其他制造业（2.18），家具制造业（1.97），通用设备制造业（1.84），纺织服装、服饰业（1.84），皮革、毛皮、羽毛、绒毛及其制品和制鞋业（1.73），仪器仪表制造业（1.73），电气机械和器材制造业（1.70），金属制品、机械和设备修理业（1.65），废弃资源综合利用业（1.47），橡胶和塑料制品业（1.38），金属制品业（1.35），文教、工美、体育和娱乐用品制造业（1.33），造纸和纸制品业（1.24），汽车制造业（1.04），以上行业具有一定的集聚态势和比较优势；同时，高新技术产业、战略性新兴产业发展迅速,新产业、新业态、新产品加速成长,向中高端迈进的态势非常明显,如 2015 年浙江省规模以上工业中,高新技术产业增加值比重达 37.2%,战略性新兴产业增加值比重达 25.5%。在服务业内部,批发和零售业、其他服务业增加值占地区生产总值的比重分别为 12.23% 和 17.10%(表 6.5);同时,批发和零售业、住宿和餐饮业的区位商大于 1(表 6.3),表明以上行业具有一定的集聚态势和比较优势。

改革开放以来,浙江经济率先发展与持续增长以劳动密集型制造业为主体的低端产业的快速扩展为基础(刘强等,2016)。在历经 30 多年的高速增长之后,进入“十二五”时期,浙江经济增速显著放缓。例如,按照可比价格计算,2011～2014 年 GDP 增速分别为 9.0%、8.0%、8.2% 和 7.6%。在浙江经济起飞和高速增长阶段,主要依靠劳动力、资本、自然资源、土地等要素的扩张性投入。要素供给的增长动力突出表现在大规模数量的投入。经济进入新常态下,人口、土地、自然资源和资本等要素约束强化、成本上升,要素的规模驱动力在减弱,经济增长的内生能力明显不足。2014 年,浙江省政府提出“主动把速度控制在合理范围内,主动把重点聚焦到提质增效上”,2011～2017 年浙江省经济增长速度放缓,但经济增长质量有所提高。

6.1.2　长三角地区产业空间优化与经济增长方式转变的对策措施

1. 上海

第一,加快传统产业的梯度转移。上海市“十一五”规划指出,要在五年内引导一批传统制造企业、劳动密集型企业和科技含量低的企业外迁,为发展自主创新产业和服务业腾出空间。为此,上海市于 2005 年 8 月成立了“上海产业合作促进中心”,主要工作是负责组织不适合在上海本地发展的产业,以及每亩占地销售额低于 160 万元、税收少于 6 万元、污染严重的企业有计划地迁出上海,并帮助寻求新的发展空间。近年来,上海市政府出台各种政策措施鼓励上海市各工业园区和开发区与江苏、浙江和安徽等周边地区共建"异地工业园",帮助企业组团式迁移。为解决"异地工业园"出现的各种问题,2010 年 8 月,由上海市人民政府发展研究中心、上海市合作交流办公室、上海市经济和信息化委员会三个机构牵头,成立了长三角园区共建合作专题组。同年 11 月,在安徽签署了《长三角园区共建联盟合作框架协议》,加快上海传统产业的梯度转移。

第二,优先发展现代服务业。"十二五"时期上海市产业结构战略性调整的总体思路是:"按照高端化、集约化、服务化,推动三二一产业融合发展,加快形成服务经济为主的产业结构"。充分利用国家的先行先试政策,探索建立新兴行业管理制度,促进服务业分化细化(曾铮和安淑新,2013);紧抓建设国际金融中心和国际航运中心两大龙头,加快发展"两头在沪、中间在外"的生产性服务业、高技术服务业和专业服务业(曾铮和安淑新,2013);强化服务业集群发展模式,中心城区主要布局现代化服务业发展集聚区、全力推进楼宇经济及一定的都市型工业。"十三五"时期,上海市强调要积极发展总集成总承包、研发设计、检验检测认证、供应链管理和电子商务等生产性服务业。

第三,淘汰落后和低效产能,改造提升传统优势制造业。上海城市创新经济研究中心课题组(2017)指出,上海落后产能的概念有别于国家过剩产能,具体包含三个方面:一是就产业自身生产特点判断,落后产能是指资源能源消耗高、环境污染大、技术含量低、效益产出低的产业(企业),如国家和上海重点淘汰的"三高一低"(高能耗、高污染、高风险、低收益)产业(企业)、四大产能过剩行业(煤炭、钢铁、水泥、有色金属)等;二是从城市规划的角度考虑,分布在"195 区域""198 区域"①内的一般制造业企业,从城市规划和时代发展的角度看,这些企业相对于全市经济社会发展大局,已成为落后产能;三是从超大城市未来发展角度考

---

① 目前上海的工业用地,包括"104 区块"、"195 区域"和"198 区域"。其中,"104 区块"指全市现有的 104 个规划工业区块;"195 区域"指规划产业区外、城市集中建设区内的现状工业用地,面积约 195km²,因此称 195 区域;"198 区域"指规划产业区外、规划集中建设区外的现状工业用地,面积约 198km²,因此称 198 区域。

虑，制约上海城市核心竞争力的产业（企业）也属于落后产能。目前，上海市重点淘汰了高能耗、高污染和高风险企业，压减低技术劳动密集型、低效用占地型等一般制造企业，行业主要集中在金属加工、传统机械、家具和木材加工等领域（刘强等，2016）。

上海市改造提升传统优势产业的重点是：改造提升汽车产业、钢铁产业、化工产业、船舶产业和都市工业等传统优势制造业，提升在全球产业价值链中的地位。

第四，优先发展先进制造业。上海市先进制造业发展的重点是"两高一新"，即高附加值、高新技术及新兴产业。具体操作思路是：发展优势产业、稳定均势产业、淘汰劣势产业；强化集群发展模式，按照大产业、大基地、大项目的思路来推进先进制造业发展。

第五，加快培育和发展战略性新兴产业。上海市率先把加快培育和发展战略性新兴产业放在推进产业结构升级和经济发展方式转变的突出位置。根据《上海市战略性新兴产业发展"十二五"规划》（沪府发〔2012〕1 号），"十二五"时期，上海市培育节能环保、新能源汽车等战略性新兴产业，重点发展新一代信息技术、生物、高端装备制造等战略性新兴产业。"十三五"时期，上海市将加大发展新一代信息技术、智能装备制造、生物医药与高端医疗器械、新能源与智能网联汽车、航空航天、海洋工程装备、高端能源装备、新材料、节能环保等战略性新兴产业。

第六，实施科技创新战略，促进经济增长方式转变。"十二五"时期，上海市转变经济发展方式的战略思路是："创新驱动、转型发展"，通过科技创新实现在全国率先转变经济增长方式。主要措施包括：一是实施科学教育兴市战略、创新人才聚集战略和知识产权战略三大创新战略，创造创新环境；二是打造服务载体，壮大创新主体，加强政府服务效能建设，强化研发服务平台建设，推进创新企业融资服务体系建设；三是优化配置创新资源，强化区域联动，主动对接国家航天战略、登月计划，加快航天研发、航天产业和航天科普建设，加快国家科技项目的带动（曾铮和安淑新，2013）。"十三五"时期，上海市强调要深入实施创新驱动发展战略，以创新带动产品升级和产业转型。目前，上海已拥有数量庞大的创新人才群体，仅留学归国人员就约占全国的 1/4，在上海两院（中国科学院、中国工程院）院士近 200 人、国家"千人计划"专家约 500 人（王海燕，2015）；已基本建成国内最完善的区域科技创新体系，拥有众多国内一流高校和科研院所，并已建成上海光源等具有国际影响力的重大科研基地（王海燕，2015）；拥有在国内领先的发明专利，每万人发明专利拥有量达 20.32 件（王海燕，2015）；建成多个国际领先的研发中心。

第七，管理体制机制改革。上海市管理体制机制改革以制度创新为核心，以政府职能转变为重点。例如，进一步加大了简政放权改革力度，加快推进政府权力清单、责任清单制度建设，全面取消非行政许可审批，共取消和调整了 279 项行政审批事项（刘强等，2016）；全面落实结构性减税和降费等支持小微企业发展政策，推进小微金融综合服务平台建设（刘强等，2016）。

2. 江苏

第一，重视产业在省域内的转移。2005 年，江苏省人民政府办公厅转发《关于加快南北产业转移的意见》（苏政办发〔2005〕86 号），提出"实行南北挂钩，促进区域共同发展"的战略决策；2006 年，江苏省人民政府出台了《关于支持南北挂钩共建苏北开发区政策措施》（苏政发〔2006〕119 号），并成立了苏北发展协调小组负责指导和协调南北共建开发区工作；2009 年，国务院审议通过《江苏沿海地区发展规划》，以此为契机，江苏省提出苏南提升、苏中崛起与苏北振兴的产业发展思路，推动产业、技术和劳动力向苏中及苏北转移，以江海联动、南北呼应与三大区域互动，推动江苏经济协调发展。目前江苏省基本形成沿沪宁线、沿江、沿东陇海线和沿海"四沿"生产力空间布局，产业空间布局逐步优化。

第二，改造提升传统产业，有效化解和淘汰落后过剩产能。江苏省在产业结构调整过程中，强调提升轻工、机械制造、纺织、钢铁、化工等传统产业和企业的技术水平。

为了有效化解和淘汰落后过剩产能，江苏省人民政府先后出台了《关于加快淘汰落后产能工作的实施意见》（苏政发〔2010〕70号）、《关于化解产能过剩矛盾的实施意见》（苏政发〔2013〕162号）、《关于供给侧结构性改革去产能的实施意见》（苏政发〔2016〕50号）等政策文件，取得了明显的成效。《关于化解产能过剩矛盾的实施意见》（苏政发〔2013〕162号）显示：通过5年努力，江苏省压缩钢铁产能700万t，粗钢产能利用率提高到80%以上；江苏省前5位钢铁企业（集团）粗钢产能集中度提高到75%左右。一系列实施意见还指出，未来江苏省化解产能过剩矛盾的主要任务是：严格项目管理和市场准入；积极支持企业技术进步；加大力度拓展市场；大力推进行业调整整合；加快淘汰和退出落后、低端产能；建立化解过剩产能长效机制。《江苏省"十三五"现代产业体系发展规划》进一步强调，鼓励企业通过主动压减、兼并重组、转型转产、搬迁改造等途径，退出部分过剩产能；推进城市主城区及布局不合理的钢铁、水泥等重污染企业加快退城入园，在搬迁改造中压减低端、低效、负效产能；推进产品低端、环保设施落后、持续亏损或濒临亏损，已无市场竞争能力的企业及早退出市场；加强对产能严重过剩行业的动态监测分析，建立健全预警机制；引导和鼓励有条件的企业实施跨行业、地区和所有制减量化兼并重组。

第三，注重产业发展的协调性和产业体系的先进性。2008年，中共江苏省委、江苏省人民政府出台的《关于加快转变经济发展方式的决定》（苏发〔2008〕8号）明确指出：要以调高调优调强为取向，推进主导产业高端化、新兴产业规模化、传统产业品牌化，努力形成信息化与工业化融合，先进制造业与现代服务业互动，结构与布局合理，自主创新能力强，技术含量与附加值高，资源能源消耗少，节能减排成效明显的现代产业体系。2016年，《江苏省"十三五"现代产业体系发展规划》进一步指出，要强化先进制造业和现代服务业的主干支撑作用，突出战略性新兴产业和未来产业的先导引领作用，加快构建结构优化、技术先进、绿色低碳和竞争力强的现代产业体系。

第四，培育发展战略性新兴产业及产业集群。2008 年，中共江苏省委、江苏省人民政府确定了培育新能源、新材料、节能环保、软件、服务外包、物联网六大战略性新兴产业的发展战略，并在全国率先出台了六大新兴产业发展规划。2009 年江苏省六大新兴产业的销售收入达 1.52 万亿元，占全省工业主营业务收入的比重超过 20%。《江苏省"十二五"培育和发展战略性新兴产业规划》确立了包括新能源、新材料、生物技术和新医药等在内的十大战略性新兴产业。《江苏省"十三五"战略性新兴产业发展规划》显示，"十二五"时期，江苏省战略性新兴产业销售收入年均增长超 20%，2015 年销售收入突破 4.5 万亿元，占规模以上工业总产值比重超过 30%，新材料、节能环保、新一代信息技术和软件、光伏、海工装备、生物医药等产业规模居全国领先地位。根据《江苏省"十三五"现代产业体系发展规划》，目前江苏省将重点建设南京软件和智能电网、无锡物联网、苏州纳米、常州智能制造、徐州高端装备、泰州生物医药、盐城大数据、镇江通用航空、连云港新医药、南通海工装备等多个标志性战略性新兴产业集群。

第五，实施创新驱动发展战略。江苏省率先提出并在"十二五"期间付诸实施创新驱动发展规划。2011 年 2 月江苏省十一届人大四次会议通过的江苏省"十二五"规划中，"把创新驱动作为经济社会发展的战略核心"。2011 年 5 月中共江苏省委、江苏省人民政府颁布的《关于实施创新驱动战略推进科技创新工程加快建设创新型省份的意见》（苏发〔2011〕10 号），明确指出了"实施创新驱动战略是关系江苏全局和长远发展的必然选择"。2012 年 12 月中共江苏省委、江苏省人民政府出台的《关于加快企业为主体市场为导向产学研相结合技术创新体系建设的意见》（苏发〔2012〕17 号），围绕增强企业创新能力、营造企业创新发展良好环境、建立健全激励企业创新的动力机制，提出了 6 个方面 20 条政策措施。江苏省"十三五"规划中对创新驱动发展战略做了如下目标规划：建设具有全球影响力的产业科技创新中心，优化区域创新布局，推进大众创业万众创新。选择路径是：通过培育创新型企业集群，构建产学研协同创新体系，重点建设重大科研设施，建设一流产业科技创新载体和重点技术创新平台；建设苏南国家自主创新示范区，建设创新型城市和创新型园区，形成区域协同创新；以及建设人才强省和人力资源强省等，深入实施创新驱动发展战略。

第六，管理体制机制改革。"十二五"以来，江苏省委、省政府出台了一系列简政放权的措施。例如，2011~2013 年江苏省取消和下放共 576 项行政审批事项，2014 年仅省级层面又减少行政审批事项 506 项，精简幅度近 40%，非行政许可审批事项已全部取消（欧向军和顾雯娟，2016）。

3. 浙江

第一，淘汰落后和过剩产能。自 2010 年以来，浙江省人民政府先后出台了淘汰落后和过剩产能的一系列政策文件，如浙江省人民政府《关于加快淘汰落后产能促进工业转型升级的若干意见》（浙政发〔2010〕34 号）、浙江省人民政府《关于进一步加快淘汰落后产能的意见》（浙政发〔2011〕75 号）、浙江省人民政府《关于加快供给侧结构性改革的意见》（浙政发〔2016〕11 号）、浙江省人民政府办公厅《关于印发浙江省供给侧结构性改革去产能行动方案》（浙政办发〔2016〕79 号）、浙江省促进企业兼并重组工作部门联席会议办公室《关于处置"僵尸企业"的指导意见》（浙并购办〔2016〕4 号）等。浙江省人民政府《关于进一步加快淘汰落后产能的意见》（浙政发〔2011〕75 号）提出了加快淘汰落后产能的工作措施：制定和完善落后产能界定标准、组织开展全面调查摸底、编制"十二五"专项规划、强化差别电价杠杆作用、落实超限额标准用能电价等加价惩罚性政策、推行淘汰落后产能与新增用能指标核定相结合、严格行业准入、支持企业"压小上大"和转型升级、建立淘汰落后产能专项资金。浙江省人民政府办公厅《关于印发浙江省供给侧结构性改革去产能行动方案（2016—2017 年）

的通知》(浙政办发〔2016〕79号)指出,2016~2017年浙江省供给侧结构性改革去产能行动方案的主要任务是:积极化解钢铁等重点行业严重过剩产能、继续淘汰落后产能、大力整治"脏乱差""低小散"企业(作坊)、切实处置"僵尸企业"、加强跨区域产能合作、加快制造方式创新、加强产品升级换代、严格重点行业市场准入。

2016年,浙江省共处置555家"僵尸企业",淘汰改造2000家企业落后产能,整治3万家脏乱差小作坊;杭州钢铁集团有限公司等10家被列入国家去产能目标任务的企业产能压减完成,涉及炼铁产能110万t、炼钢产能303万t,全省钢铁行业化解过剩产能5年压减目标任务数已在1年内完成。

第二,改造提升传统产业、大力发展特色优势产业。浙江省"十二五"规划纲要指出,大力发展汽车、装备、医药等资本和技术密集型产业,择优发展石化、船舶等现代临港工业。有选择地改造提升纺织、轻工、建材、有色金属等传统产业,淘汰落后产能,加快转移过度依赖资源环境的加工制造环节。推广应用集成制造、柔性制造、精密制造、清洁生产、虚拟制造等先进制造模式。运用新材料、新结构、新技术、新设备,提升建筑企业技术水平,促进建筑业转型升级。浙江省"十三五"规划强调,大力发展时尚、绿色石化、汽车、机械设备、冶金建材和历史经典产业等七大特色优势产业,推进传统优势产品升级改造、"浙江制造"标准提升和"浙江制造"品牌建设。

第三,加快发展战略性新兴产业及产业集群。2011年,中共浙江省委、浙江省人民政府出台《关于加快培育发展战略性新兴产业的实施意见》(浙委〔2011〕76号),将物联网产业、高端装配制造业、新能源产业、新材料产业、节能环保产业、生物产业、新能源汽车产业、海洋新兴产业、核电关联产业作为重点推进的战略性新兴产业。2012年,国家批准建立了28个"城市矿产"示范基地,其中就有浙江桐庐大地循环经济产业园等。此外,杭州、绍兴、温州和台州等市是中国环保设备生产的主要集聚区。

第四,大力发展现代服务业,优化现代服务业空间布局。大力发展现代商务、金融、现代物流、信息服务、科技服务等现代服务业。推动信息经济、"互联网＋"等产业的大发展，建设特色明显、全国领先的电子商务、物联网、云计算、大数据、互联网金融创新、智慧物流、数字内容产业中心。引导中心城市和地级市城区加快发展现代服务业，推动特大城市率先形成以服务经济为主的产业结构。鼓励经济强县大力培育发展特色服务业和生产性服务业，发挥中心镇在城乡服务业体系中的节点功能，推动城镇服务业和农村服务业加快发展。

第五，加快培育现代产业集群。自 2009 年以来，浙江省出台多个加快块状经济向现代产业集群转型升级的政策文件，如浙江省人民政府办公厅《关于加快块状经济向现代产业集群转型升级的指导意见》（浙政办发〔2009〕72 号）、浙江省人民政府《关于进一步加快块状经济向现代产业集群转型升级示范区建设的若干意见》（浙政发〔2010〕44 号）等。《浙江省国民经济和社会发展第十二个五年规划纲要》强调：推进块状经济转型升级"六六工程"，促进块状经济产业链纵向延伸和横向拓展，加快块状经济向现代产业集群转型升级。以产业集聚区、开发区（园区）和乡镇功能区为主要依托，加快完善研发、物流、检测、信息、培训等生产性公共服务平台，强化专业化配套协作，完善创新体系，提升集群品牌，形成若干个在国内外具有重要影响力的现代产业集群。

第六，创新驱动促进经济增长方式转变。2008 年，中共浙江省委《关于深入学习实践科学发展观加快转变经济发展方式推进经济转型升级的决定》（浙委〔2008〕88 号），提出全面实施"创业富民、创新强省"总战略，切实加快转变经济发展方式、推进经济转型升级，促进浙江经济又好又快发展；同年，浙江省人民政府《关于加快工业转型升级的实施意见》（浙政发〔2008〕80 号）强调"通过实施技术创新、产品创新、品牌创新、管理创新、开放创新、人力资源开发创新、企业组织结构创新、节能减排方式创新"等创新战略促进浙江工业发展方式转变。2013 年中共浙江省委《关于全面实施创新驱动发展战略加快建设创新型省份的决定》（浙委发〔2013〕22 号）、2015 年中共浙江省委办公厅浙江省人民政府《关于加快推

进创新驱动发展战略实施工作的通知》（浙委办发〔2015〕43 号）等进一
步强调创新驱动促进浙江经济发展及方式转变。

第七，管理体制机制改革。浙江省在全国率先推进"四张清单一张网"
改革、"一体化"行政审批改革、要素配置机制创新及金融等重要领域的改
革。例如，浙江省人民政府办公厅印发了《2015 年浙江省深化"四张清单
一张网"改革推进简政放权放管结合转变政府职能工作方案的通知》（浙政
办发〔2015〕68 号）、《2016 年浙江省深化"四张清单一张网"改革推进简
政放权放管结合优化服务工作要点的通知》（浙政办发〔2016〕61 号）等
政策文件，使管理体制机制改革红利成为新常态下经济增长的重要动力。

6.2　珠三角地区产业空间优化与经济增长方式转变的经验借鉴

6.2.1　珠三角地区产业空间布局与经济发展现状

珠江三角洲主要是指由广州、深圳、珠海、佛山、江门、东莞、中
山、肇庆、惠州九市构成的城市群。珠三角经济圈东邻福建，北接江西、
湖南，西连广西，南临南海，毗邻港澳地区，是我国最具发展活力的经
济区之一。按整个广东省的口径计算，珠三角经济圈陆地面积约 17.98 万
km²，占全国的 1.87%。2014 年广东省地区生产总值为 67 809.85 亿元，占
全国的 10.66%。其中，第一产业增加值占全国的比重为 5.43%，第二产业
增加值占全国的比重为 11.56%，第三产业增加值占全国的比重为 10.86%
（表 6.6），是全国重要的制造业和服务业集聚地区，制造业和服务业的集
聚程度较高。2013 年广东省三次产业增加值占地区生产总值的比重分别为
4.8%、46.4% 和 48.8%，第三产业增加值比重首次超过第二产业（表 6.7）。
广东省制造业的集聚优势主要表现在一些资源密集型产业、资本技术密集
的交通、通信、电气、电子行业和劳动密集型的传统轻工业上。2014 年广
东省制造业区位商大于 1 的行业分别是（表 6.8）：计算机、通信和其他电

子设备制造业（2.54），文教、工美、体育和娱乐用品制造业（2.36），家具制造业（1.97），电气机械和器材制造业（1.93），皮革、毛皮、羽毛、绒毛及其制品和制鞋业（1.74），橡胶和塑料制品业（1.69），印刷业和记录媒介复制业（1.69），废弃资源综合利用业（1.68），纺织服装、服饰业（1.51），金属制品业（1.47），仪器仪表制造业（1.42），造纸和纸制品业（1.13），以上行业具有一定的集聚态势和比较优势。进入 21 世纪以来，国际产业转移的结构层次不断向高端演进，制造业表现出从原来高度集中的珠三角地区向广东省内其他欠发达地区转移的趋势。同时，高新技术产业、战略性新兴产业发展迅速，如 2015 年广东省规模以上工业中，高技术制造产业增加值占比达 27.0%。在服务业内部，2014 年广东省批发和零售业、其他服务业增加值占地区生产总值的比重分别为 11.47% 和 18.13%（表 6.9）；批发和零售业、住宿和餐饮业、房地产业的区位商大于 1（表 6.9）。表明批发和零售业、住宿和餐饮业、房地产业具有集聚态势和比较优势。

在改革开放初期，珠三角地区主要依靠"外资"投入作为地区经济增长的主要动力，经济增长的外向依存度较高，产业多为来料加工型的低端产业和"三高一低"的经济增长方式。根据焦张义和冯邦彦（2009）等的研究，广东粗放型经济增长带来的问题具体表现在以下几个方面：第一，大量的土地消耗，如 1990~2002 年，广东耕地减少了 35.8 万 hm^2，年均减少 2.98 万 hm^2；第二，能源危机，如 2005 年广东省电力缺口达 600 万 kW 以上，占电力总需求的 13.3%；第三，经常出现劳动力供应短缺，自 2005 年以来，广东省每年存在 200 万左右的劳动力短缺。当然，经过多年的努力，珠三角地区经济增长方式有了一定的转变，科技进步对经济增长的贡献率逐年增大，资源损耗和环境污染等问题有所缓解，经济增长方式向集约型转化的趋势明显。但总体来说，珠三角地区主要依靠较丰富的劳动力资源、土地资源和投资拉动的粗放型经济增长方式并没有发生根本性的变化。粗放型发展方式和外延式城市建设模式使得资源环境约束加剧，产业发展与生态保护的矛盾逐步显现，严重影响产业的可持续发展。

表 6.6　2010～2014 年广东省经济发展总体状况

年份	地区生产总值		第一产业		第二产业		第三产业	
	地区生产总值 / 亿元	占全国比重 /%	增加值 / 亿元	占全国比重 /%	增加值 / 亿元	占全国比重 /%	增加值 / 亿元	占全国比重 /%
2010	46 013.06	11.47	2 286.98	5.64	23 014.53	12.27	20 711.55	11.97
2011	53 210.28	11.25	2 665.20	5.61	26 447.38	12.00	24 097.70	11.76
2012	57 067.92	11.00	2 847.26	5.44	27 700.97	11.78	26 519.69	11.46
2013	62 163.97	10.93	3 047.51	5.35	29 427.49	11.79	29 688.97	11.32
2014	67 809.85	10.66	3 166.82	5.43	31 419.75	11.56	33 223.28	10.86

资料来源：根据 2011 ～ 2015 年《中国统计年鉴》数据计算

表 6.7　1999～2015 年广东省三次产业结构的动态变化　　（单位：%）

年份	第一产业	第二产业	第三产业
1997	12.6	47.6	39.8
1998	11.7	47.7	40.6
1999	10.9	47.1	42.0
2000	9.2	46.5	44.3
2001	8.2	45.7	46.1
2002	7.5	45.5	47.0
2003	6.8	47.9	45.3
2004	6.5	49.2	44.3
2005	6.3	50.4	43.3
2006	5.8	50.6	43.6
2007	5.3	50.4	44.3
2008	5.4	50.3	44.3
2009	5.1	49.0	45.9
2010	5.0	49.6	45.4
2011	5.0	49.1	45.9
2012	5.0	47.7	47.3
2013	4.8	46.4	48.8
2014	4.7	46.3	49.0
2015	4.6	44.8	50.6

资料来源：《广东统计年鉴（2016）》

表 6.8 2014 年广东省规模以上工业企业区位商

行业	区位商
采掘业	**0.04**
煤炭开采和洗选业	0.00
石油和天然气开采业	0.16
黑色金属矿采选业	0.10
有色金属矿采选业	0.10
非金属矿采选业	0.32
开采辅助活动	0.03
其他采矿业	0.00
制造业	**1.10**
农副食品加工业	0.27
食品制造业	0.63
酒、饮料和精制茶制造业	0.37
烟草制品业	0.24
纺织业	0.56
纺织服装、服饰业	1.51
皮革、毛皮、羽毛、绒毛及其制品和制鞋业	1.74
木材加工和木、竹、藤、棕、草制品业	0.43
家具制造业	1.97
造纸和纸制品业	1.13
印刷业和记录媒介复制业	1.69
文教、工美、体育和娱乐用品制造业	2.36
石油加工、炼焦和核燃料加工业	0.19
化学原料和化学制品制造业	0.47
医药制造业	0.38
化学纤维制造业	0.22
橡胶和塑料制品业	1.69
非金属矿物制品业	0.71
黑色金属冶炼和压延加工业	0.19
有色金属冶炼和压延加工业	0.52
金属制品业	1.47

行业	区位商
通用设备制造业	0.67
专用设备制造业	0.70
汽车制造业	0.53
铁路、船舶、航空航天和其他运输设备制造业	0.56
电气机械和器材制造业	1.93
计算机、通信和其他电子设备制造业	2.54
仪器仪表制造业	1.42
其他制造业	0.98
废弃资源综合利用业	1.68
金属制品、机械和设备修理业	0.71
电、热、气、水生产和供应业	**0.54**
电力、热力的生产和供应业	0.51
燃气生产和供应业	0.39
水的生产和供应业	0.85

资料来源：根据《中国工业统计年鉴（2015）》就业人数计算；制造业的统计口径对应《国民经济行业分类与代码》（GB/T4754—2011）

表6.9　2014年广东省服务业增加值、占地区生产总值的比重及区位商

行业	增加值/亿元	占地区生产总值比重/%	区位商
交通运输、仓储和邮政业	2740.76	4.04	0.89
批发和零售业	7778.82	11.47	1.17
住宿和餐饮业	1333.81	1.97	1.12
金融业	4447.43	6.56	0.90
房地产业	4486.92	6.62	1.10
其他服务业	12294.21	18.13	0.99

资料来源：根据《中国统计年鉴（2015）》数据计算

6.2.2　珠三角地区产业空间优化与经济增长方式转变的对策措施

广东省经济增长方式的转变思路是，以产业结构调整与产业空间优化

等来改变广东省粗放型经济增长方式和发展格局。

第一，实施"产业与劳动力双转移"战略。2005年，广东省提出了"产业与劳动力双转移"思路，广东省人民政府出台了《关于我省山区及东西两翼与珠江三角洲联手推进产业转移的意见（试行）》（粤府〔2005〕22号），构建了发达地区与欠发达地区合作推进产业转移的模式：粤东粤西粤北的各地级市政府与珠三角地方政府之间通过"两两合作"的形式，在落后地区共同建立产业园区；转入地方负责提供工业园区的建设用地，转出地方负责园区规划、投资、开发和招商引资等工作；通过地价优惠、税收减免、补贴等方式引导珠三角合作地级市的劳动密集型企业向指定园区转移，并按约定比例分享园区内企业缴纳的流转税和所得税中的地方留成部分（杨本建和王珺，2015）。2008年以来，广东省先后出台了《关于推进产业转移和劳动力转移的决定》（粤发〔2008〕4号），《广东省产业转移区域布局指导意见》（粤经贸工业〔2008〕385号）等7个文件，提出了"产业与劳动力双转移"战略，即通过产业转移和劳动力转移对全省产业分布进行整体布局，并加大了对"双转移"的财政支持。2013年，珠三角地区6市（广州、深圳、珠海、佛山、东莞、中山）与对口帮扶的粤东、粤西、粤北地区8市（梅州、清远、河源、汕尾、阳江、云浮、韶关、潮州）已经建立了园区协调联席会议、园区管理机构、投资开发公司三层架构。

2016年，珠三角地区6个对口帮扶市与粤东、粤西、粤北8个被帮扶市签署共建产业园协议，省产业转移园和集聚地新落地亿元以上项目282个，新投产项目390个，园区累计完成基础设施建设投资超1300亿元。全年园区规模以上工业增加值增长15%，工业固定资产投资超过1600亿元，全口径税收增长20%[①]。

第二，淘汰转移落后过剩产能。为淘汰转移落后过剩产能，2016年广东省人民政府印发了《广东省供给侧结构性改革总体方案（2016—2018年）》，以及《广东省供给侧结构性改革去产能行动计划（2016—2018年）》

---

① 《2016年全省经济和信息化发展情况及2017年主要工作计划》，广东经济和信息化委员会网站，2017年2月21日，http://www.gdei.gov.cn。

《广东省供给侧结构性改革去库存行动计划（2016—2018 年）》《广东省供给侧结构性改革去杠杆行动计划（2016—2018 年）》《广东省供给侧结构性改革降成本行动计划（2016—2018 年）》《广东省供给侧结构性改革补短板行动计划（2016—2018 年）》五个行动计划；建立了省去产能部门间联席会议制度，摸查"僵尸企业"情况并建立数据库，分类处置非国有规模以上工业"僵尸企业"39 家；完成淘汰造纸落后产能 9.658 万 t，淘汰钢铁落后和过剩产能 307 万 t；引导珠三角向粤东、粤西、粤北转移项目 534 个；落实降成本有关措施，推进电力市场化改革，累计为企业节约电费 14.8亿元①。

第三，加快推进现代产业体系建设。2008 年，中共广东省委、广东省人民政府《关于加快建设现代产业体系的决定》（粤发〔2008〕7 号）、广东省人民政府《关于加快发展我省服务业的实施意见》（粤府〔2008〕66 号）等政策文件，强调建成以先进制造业与现代农业为基础、高新技术产业为主导、传统优势产业和基础产业为支撑，具有产业结构高级化、产业布局合理化、产业发展集聚化、产业竞争力高端化等特点的现代产业体系，重点发展以现代服务业和先进制造业为核心的六大产业，即以生产性服务业为主体的现代服务业、以装备制造业为主体的先进制造业、以电子信息为主导的高新技术产业、以品牌带动的优势传统产业、以质量效益为导向的现代产业、以能源交通水利为支撑的基础产业，促进经济转型升级发展。

在现代产业体系建设中，广东省十分重视战略性新兴产业与生产性服务业在产业升级中的引领与推动作用，推动制造业和服务业"双轮驱动"。形成了电子信息、新材料与服务外包等四个国家级高新技术产业基地。重点发展电子信息、网络通信、生物医药、金融保险、物流航运等产业，形成高端产业发展平台，通过扩散与辐射带动全省产业结构调整与升级。

第四，优化产业空间布局。广东省根据地理条件与产业基础形成大产业区。珠三角现代产业核心区、东西两翼及山区产业转移工业园区、数字广东、广东循环经济系统工程、广东现代流通大商圈、粤港澳金融合作平台、珠江两岸文化创意产业园、全国加工贸易转型升级示范区等。广东的产业区及经济区模式具有开放性，有利于产业规模扩张。

第五，实施创新驱动发展战略，促进经济增长方式转变。广东省"十二五"规划纲要强调："强化自主创新对加快转型升级、建设幸福广东的核心推动作用，以制度创新推动创新能力的全面提升，推动经济社会发展走上创新驱动之路"。具体措施包括：完善创新机制、增强创新能力、打造创新人才高地和优化创新发展环境。广东省"十三五"规划纲要进一步强调：坚持创新驱动发展，着力构建以创新为主要引领和支撑的经济体系和发展模式。

6.3　本章小结

总体上看，长三角、珠三角地区各省市主要通过实施产业结构调整或产业空间布局优化、创新驱动及创新制度供给等措施来推动地区经济增长及方式的转变。主要体现在以下几个方面。

1）加快推进资源和劳动密集型产业向中西部地区的转移

例如，2005 年广东省出台了《关于广东省山区及东西两翼与珠江三角洲联手推进产业转移的意见（试行）》和联席会议等工作机制，2008 年又出台《关于推进产业转移和劳动力转移的决定》《广东省产业转移区域布局指导意见》等文件，提出了"产业与劳动力双转移"战略。上海市于 2005 年 8 月成立了"上海产业合作促进中心"，主要工作是负责组织不适合在上海本地发展的产业，以及每亩占地销售额低于 160 万元、税收少于 6 万元、污染严重的企业有计划地迁出上海，并帮助寻求新的发展空间。

2）淘汰落后和低效产能，改造提升传统优势制造业

例如，2016 年广东省牵头制定和实施供给侧结构性改革去产能行动计划，建立省去产能部门间联席会议制度，摸查"僵尸企业"情况并建立数据库，分类处置非国有规模以上工业"僵尸企业"；淘汰造纸落后产能

9.658 万 t，淘汰钢铁落后和过剩产能 307 万 t；引导珠三角向粤东西北转移项目 534 个。上海市重点淘汰了高能耗、高污染和高风险企业，压减低技术劳动密集型、低效用占地型等一般制造企业，行业主要集中在金属加工、传统机械、家具和木材加工等领域（刘强等，2016）。

3）大力发展以高端制造为核心的先进制造业

例如，上海市先进制造业的发展重点在于"两高一新"，即高附加值、高新技术及新兴产业。操作思路是发展优势产业、稳定均势产业、淘汰劣势产业；强化集群发展模式，按照大产业、大基地、大项目的思路来推进先进制造业发展并辅之以生产型服务业的配套发展。

4）加快培育和发展战略性新兴产业

例如，2008 年中共江苏省委和江苏省人民政府明确了培育六大战略性新兴产业的发展战略。2011 年浙江省确定物联网产业、高端装配制造业、新能源产业、新材料产业、节能环保产业、生物产业、新能源汽车产业、海洋新兴产业、核电关联产业九大产业为重点推进的战略性新兴产业。

5）大力发展生产性服务业

例如，2015 年广东省人民政府办公厅出台的《关于加快发展生产性服务业的若干意见》（粤府办〔2015〕54 号）强调，做强先进制造业产业链"微笑曲线"两端，包括研发创新平台建设、工业设计服务、第三方检验检测认证服务、投融资服务、新一代信息技术服务、节能环保技术服务、现代物流服务、供应链管理服务、电子商务应用、品牌培育服务、生产性服务外包等；推动制造企业服务化等。

6）优化产业空间布局

例如，广东省根据地理条件与产业基础形成大产业区。珠三角现代产业核心区、东西两翼及山区产业转移工业园区、数字广东、广东循环经济系统工程、广东现代流通大商圈、粤港澳金融合作平台、珠江两岸文化创意产业园、全国加工贸易转型升级示范区等。

7）创新驱动推动经济增长方式转变

例如，广东省"十二五"规划纲要强调："强化自主创新对加快转型升级、建设幸福广东的核心推动作用，以制度创新推动创新能力的全面提升，推动经济社会发展走上创新驱动之路"。创新驱动战略作为一个系统工程，具体措施主要包括：实施技术创新、产品创新、品牌创新、管理创新、商业模式创新、制度创新、开放创新、创新人才聚集战略和知识产权战略等创新战略；创造创新环境；打造服务载体，壮大创新主体；强化区域联动，主动对接国家创新战略等。

8）全面深化改革，促进产业空间优化与经济增长方式转变

创新制度供给、全面深化改革是促进产业空间优化与经济增长方式转变的坚实保障。政府对主要经济资源和生产要素的直接和间接控制，在一定程度和范围内扭曲了市场机制配置资源的功能。只有转变政府职能，才能将政府主导的经济增长模式转换为政府调控、市场主导、企业创造的经济增长模式。例如，浙江省在全国率先推进"四张清单一张网"的政府改革、"一体化"行政审批改革、要素配置机制创新及金融等重要领域的改革，使改革红利成为新常态下经济增长的重要动力。"十二五"以来，江苏省委、省政府出台了一系列简政放权的措施。例如，2011~2013 年取消和下放共 576 项行政审批事项，2014 年仅省级层面又减少行政审批事项 506 项，精简幅度近 40%，非行政许可审批事项已全部取消（欧向军和顾雯娟，2016）。

第7章　促进长江上游地区产业空间优化与 经济增长方式转变的路径选择与对策研究

7.1　促进长江上游地区产业空间优化与经济 增长方式转变的路径选择

7.1.1　淘汰落后产能和转移过剩产能

严格监管"高投入、高能耗、高污染"的行业和企业；实施差异 化产业"禁投清单"和环保负面清单；建立落后和过剩产能的有效退 出机制，引导原有"僵尸企业"占用的各种资源（包括土地、信贷 资源等）向新兴产业转移，把淘汰落后和过剩产能与创新创业结合 起来；鼓励长江上游沿江地区或生态脆弱地区布局一批低能耗、低 污染的行业和企业；引进和发展相关节能减排技术，发展新能源技 术，积极推动节能技术创新，提高能源效率；完善利用法律、经济、 技术及必要的行政手段淘汰落后过剩产能的体制机制；完善能源消 费机制和节能减排企业等优惠政策；强化执法监督，加大查处打击 力度。

7.1.2　改造提升传统产业

采用新工艺、新技术改造提升传统制造业，加快对长江上游地区传统制造业的信息化、服务化、绿色化改造，推进行业整合和品牌提升；支持汽车、电子信息、装备制造等产业做大做强，提升在全球产业链和价值链中的地位；推进酒、烟、茶、药、食品等传统制造业提质增效；实施"互联网＋制造"行动，推动传统制造业拥抱互联网，以及传统制造业向先进制造业、智能制造业转型。大力推动传统制造业与服务业融合发展。

7.1.3　培育壮大优势特色产业及产业集群

第一，长江上游各省市可选择本区域具有竞争优势的优势特色产业，积极培育和壮大优势特色产业、产业链及产业集群，具体包括酒、饮料、精制茶、生态畜牧业、蔬菜、水果、旅游、农副产品加工、生物医药、能源、石油化工、天然气化工、装备制造等，将更多的现代生产工艺、现代商业技术、现代管理方法整合进产业价值链，提升长江上游地区优势特色产业的核心竞争力。第二，积极培育和引进一批龙头骨干企业，带动相同、相近和相关产业的发展。积极培育本地企业，吸引外资企业充当龙头企业；鼓励龙头企业将一些配套件及特定生产工艺分离出来，形成一批专业化配套企业；积极支持中小企业进入龙头企业的供应网络。

7.1.4　加快发展现代服务业及产业集群

充分发挥长江上游地区作为"一带一路"倡议及"长江经济带"战略的支点作用，以商业模式创新、培育新兴服务业态等方式推动长江上游地区传统服务业向现代服务业转型升级。大力发展以现代物流、现代金融、电脑、云计算与大数据、物联网、软件与信息、节能环保服务等为主的现代生产性服务业，集中布局一批发展潜力大、配套条件好的生产性服务业集聚的园区和基地，发挥产业集群的集聚效应。根据生产性服务业发展和集聚的阶段性特点来制定产业扶持政策和发展重点。

7.1.5　培育壮大战略性新兴产业及产业集群

依托"科技资本＋人力资本＋产业资本＋金融资本融合"，重点培育壮大新一代信息技术、新能源产业、高端装备制造业、新材料产业、生物产业、节能环保产业等战略性新兴产业及产业集群，促进经济增长方式向技术密集型转变。例如，当前重庆应抓好集成电路、液晶面板、物联网、机器人及智能装备、石墨烯和纳米新材料、新能源及智能汽车、高端交通装备、二苯基甲烷二异氰酸脂（MDI）及化工新材料、生物医药、环保装备等战略性新兴产业及产业集群的发展。

7.1.6　主动承接东部产业转移

（1）主动承接东部沿海等地的轻工、纺织等劳动密集型产业，以及装备制造、建材、电子信息、医药等产业转移，有序引导清洁载能产业向长江上游地区布局和转移，积极引进和承接高端产业，避免盲目承接"高投入、高能耗、高污染"行业。

（2）以长江上游四省市产业聚集区、各类园区和经济合作区为主要承接载体，引导转移产业聚集发展，探索以委托管理、投资合作等多种形式与东部地区共建产业园区。

（3）积极建设长江流域、乌江流域等清洁能源密集型产业升级转移示范区。

（4）承接产业要与所在地的实际产业生态相适应。

（5）主动对接国家和所在地的产业政策、布局定位和发展重点，促进长江上游地区产业升级与结构调整。

7.1.7　实施创新驱动发展战略

（1）强化企业技术创新主体地位，加大对引进技术消化吸收的力度，重视模仿创新。在引进—消化吸收—模仿创新的基础上，培育自主创新能力。

（2）加大技术创新投入和人才培养力度。高标准、高质量普及 15 年基础教育；加大重点高校和一流大学、一流学科的建设力度，培养造就一支高素质的人才队伍；面向全球加快高端人才的引进力度；加快职业教育的重新布局，为日益加速的产业结构调整升级准备必要的技能型工人，实现劳动力素质升级与经济转型匹配。

（3）完善创新制度，积极引入市场机制，大力发展风险投资，加快技术创新成果的转化。

（4）加快培育创新文化，保护创新热情，宽容创新挫折，形成有利于创新的社会氛围。

7.2　促进长江上游地区产业空间优化与经济增长方式转变的对策研究

7.2.1　完善产业政策体系

长江上游各省市的产业发展规划，要明确禁止或者限制发展的高能耗、高污染和破坏环境与生态的产业类型，明确鼓励和支持发展的低能耗、零污染或者低污染、有利于环境与生态保护的产业类型；长江上游各省市的产业结构调整与升级政策，必须充分体现对有利于降低能耗、减少污染、减少对环境与生态破坏的产业发展、产品创新、技术创新、生产方式创新和管理创新的支持；长江上游各省市新兴产业的产业选择及发展方式，必须服从能耗、污染排放、环境和生态保护方面的要求。

7.2.2　完善技术创新政策体系

技术创新政策体系中，应明确禁止或限制使用导致高污染、高能耗和破坏环境与生态的生产技术；鼓励采用有利于节能减排、环境与生态保护的技术；鼓励有利于节能减排、环境与生态保护的技术引进和自主创新；完善技术创新制度，积极引入市场机制，大力发展风险投资，加快技术创新成果的转化和应用；运用立法、司法、行政和经济手段及社会监督等力量加大技术创新政策的执行力度。

7.2.3 完善服务平台

（1）建立综合服务平台。在每个工业园区建立综合服务平台，明确规范服务内容、服务标准、服务方式、服务功能，帮助企业从入驻、建厂、投产、达产、发展、壮大的全过程到产品的研发、设计、生产、营销的全流程做好协调服务，帮助企业解决各种困难、问题和矛盾。

（2）建立"产学研园"联盟。整合企业、学校、科研院所、园区资源组建集企业、大专院校、科研机构和园区于一体的"产学研园"联盟。大专院校输送人才，科研机构转化科研成果，企业承接人才和技术，园区统筹资源和加强协调，实现"人才—技术—生产"全流程、各环节有效连接和转化，按照市场化运作管理，合理分配增值利润，实现"产学研园"四方共赢。

（3）搭建技术创新服务平台。围绕产业集群，以龙头企业为支撑，分行业建立试验检测、研发中心。充分发挥国家级和省级科研机构的带动促进作用，整合现有科技创新、监测、检验机构，聚集现有人才和设备，成立区域性产业科研机构，支持企业建立市场化的科研中心，向社会提供创新服务。鼓励国内外知名研发机构、风投机构针对重点行业，联合龙头企业建立重点实验室，开发新产品和新工艺。

（4）完善中小微型企业服务平台。在每个园区建立1个以上中小微型企业服务平台，引导中小微型企业入驻孵化楼和标准厂房，促进中小微型企业加快发展。

7.2.4 进一步扩大对外开放

全力实施"长江经济带"国家战略、"一带一路"倡议的建设，主动对接各种国家重大开放战略，围绕长江上游地区优势产能，加快实施"走出去"战略,不断开拓新兴出口市场。培育本土跨国企业,打造一批具有国际竞争力的国际化企业;充分利用现有的优势产业集群,或鼓励支持实力较强、经验丰富的大型龙头企业组建战略联盟,完善产业链条,带动中小企业以抱团方式集群式"走出去";改善投资环境,建设一批中外合作、合资的产业园区;利用境外经贸合作区等海外平台,推动长江上游地区中小企业以抱团方式集群式"走出去"。

7.2.5　全面深化改革

（1）推进体制机制改革和创新。进一步推进行政审批制度改革,完善政务公开、并联审批、"一站式"服务等制度,简化审批流程和办事环节,提高办事效率;探索改革官员考核与政府绩效评价体系。重视质量效率、社会民生和生态环境保护;打破长江上游地区各省市各自为政的局面,建立内部协调联动机制。

（2）进一步推进市场化改革。加快放开电力、电信、交通、石油、天然气、市政等自然垄断行业的民营门槛,减少各种限制,实施民营企业与国有企业的同等"国民待遇",促进其市场化竞争体系的形成;加快国有企业改革,鼓励非国有资本参与国有企业改革,国有企业要顺应不同所有制企业平等竞争、混合所有制加快发展的趋势,大力推进股权多元化改造,提高市场化运作水平。

（3）支持民营企业创新发展,大幅度削减民营企业投资"负面清单",鼓励民营企业依法进入更多领域和参与国有企业改革;加快金融改革,促进互联网金融、民营银行等健康发展。

（4）建立健全以商业应用为导向的创新人才考核评价体制,着力提高科研人员创新活动的经济利益。

参考文献

艾萨德 I. 2011. 区位和空间经济学. 杨开忠，等译. 北京：北京大学出版社.

白志礼. 2009. 流域经济与长江上游经济区空间范围界定探讨. 西部论坛，19（5）：9-18，108.

薄文广. 2007. 外部性与产业增长——来自中国省级面板数据的研究. 中国工业经济，（1）：37-44.

蔡昉. 2013. 中国经济增长如何转向全要素生产率驱动型. 中国社会科学，（1）：56-72.

曹翔，傅京燕. 2016. 污染产业转移能够兼顾经济增长和环境保护吗？——来自广东省的经验证. 广东社会科学，（5）：33-42.

曾铮，安淑新. 2013. 我国地方转变经济发展方式的思路和举措——对上海、广东和山东的调研. 中国物价，（11）：3-6.

陈得文，苗建军. 2010. 空间集聚与区域经济增长内生性研究——基于1995~2008年中国省域面板数据分析. 数量经济技术经济研究，（9）：82-93，106.

陈建军. 2007. 长江三角洲地区产业结构与空间结构的演变. 浙江大学学报（人文社会科学版），（2）：88-98.

陈立泰，张祖妞. 2010. 服务业集聚与区域经济增长的实证研究. 山西财经大学学报，（10）：65-71.

陈秀山，徐瑛. 2008. 中国制造业空间结构变动及其对区域分工的影响. 经济研究，（10）：104-116.

崔宇明，代斌，王萍萍. 2013a. 产业集聚的技术溢出效应研究——基于人力资本的门限非线性估计. 华中科技大学学报（社会科学版），（4）：101-107.

崔宇明，代斌，王萍萍. 2013b. 城镇化、产业集聚与全要素生产率. 中国人口科学，（4）：54-63.

戴鞍钢，阎建宁. 2000. 中国近代工业地理分布、变化及其影响. 中国历史地理论丛，（1）：139-161.

邓聚龙. 1990. 灰色系统理论教程. 武汉：华中理工大学出版社.

杜能 J H V. 1986. 孤立国同农业和国民经济的关系. 吴衡康译. 北京：商务印书馆.

樊纲. 1995. 公有制宏观经济理论大纲. 上海：上海人民出版社.

范剑勇，谢强强. 2010. 地区间产业分布的本地市场效应及其对区域协调发展的启示. 经济研究，（4）：107-119，133.

范剑勇，姚静. 2011. 对中国制造业区域集聚水平的判断——兼论地区间产业是否存在同构化倾向. 江海学刊，（5）：89-94.

范剑勇，冯猛，李方文. 2014. 产业集聚与企业全要素生产率. 世界经济，（5）：51-73.

冯根福，刘志勇，蒋文定. 2010. 我国东中西部地区产业转移的趋势、特征及形成原因分析. 当代经济科学，（2）：1-10.

干春晖，郑若谷. 2009. 改革开放以来产业结构演进与生产率增长研究——对中国1978~2007年"结构性红利假说"的检验. 中国工业经济，（2）：55-65.

干春晖，郑若谷，余典范. 2011. 中国产业结构变迁对经济增长和波动的影响. 经济研究，（5）：4-16，31.

关爱萍，魏立强. 2013. 区际产业转移对区域经济增长影响的空间计量分析——基于中西部地区的实证研究. 统计与信息论坛，（11）：55-60.

郭悦，钟延勇，安烨. 2015. 产业集聚对旅游业全要素生产率的影响——基于中国旅游业省级面板数据的实证研究. 旅游学刊，（5）：14-22.

韩峰，王琢卓，阳立高. 2014. 生产性服务业集聚、空间技术溢出效应与经济增长. 产业经济研究，（2）：1-10.

何玉梅，刘修岩，李悦. 2012. 基于连续距离的制造业空间集聚演变及其驱动因素研究. 财经研究，（10）：36-46.

洪功翔，张兰婷，李伟军. 2014. 金融集聚对全要素生产率影响的区域异质性——基于动态面板模型的实证分析. 经济经纬，（4）：7-12.

胡向婷，张璐. 2005. 地方保护主义对地区产业结构的影响. 经济研究，（2）：102-112.

黄玖立，黄俊立. 2008. 市场规模与中国省区的产业增长. 经济学，（4）：1317-1334.

黄肖琦，柴敏. 2006. 新经济地理学视野下的FDI区位选择——基于中国省际面板数据的实证分析. 管理世界，（10）：7-17.

黄泽南. 2001. 略论20世纪中国二次西部开发. 上饶师范学院学报，21（2）：58-64.

焦张义，冯邦彦. 2009. 劳动力供给效应与广东经济增长路径转变研究. 人口与经济，（3）：35-41.

金煜，陆铭，陈钊. 2006. 中国的地区工业集聚：经济地理、新经济地理与经济政策. 经济研究，（4）：79-89.

克里斯塔勒 W. 1998. 德国南部中心地原理. 常正文，等译. 北京：商务印书馆.

勒什 A. 1998. 经济地域空间秩序——经济财货与地理间的关系. 王守礼译. 北京：商务印书馆.

李杰. 2009. 基于空间内生增长理论的区域差异成因探析. 南开经济研究，（3）：87-107.

李金华. 2015. 中国战略性新兴产业空间布局现状与前景. 学术研究，（10）：76-84.

李君华，彭玉兰. 2010. 中国制造业空间分布影响因素的实证研究. 南方经济，（7）：

28-40.

李梅，柳士昌. 2012. 对外直接投资逆向技术溢出的地区差异和门槛效应——基于中国省
　际面板数据的门槛回归分析. 管理世界，（1）：21-32.

李强. 2011. 产业转移、人力资本积累与中部经济增长. 数理统计与管理，（1）：107-
　117.

李小平，卢现祥. 2007. 中国制造业结构变动和生产率增长. 世界经济，（5）：52-64.

李子叶，韩先峰，冯根福. 2015. 我国生产性服务业集聚对经济增长方式转变的影响——
　异质门槛效应的视角. 经济管理，（12）：21-30.

厉无畏，王振. 2006. 转变经济增长方式研究. 上海：学林出版社.

林春. 2016. 中国金融业区域集聚与全要素生产率增长——基于省级面板数据实证分析.
　华东经济管理，（11）：60-66.

林建曾. 1996. 一次异常的工业化空间传动——抗日战争时期厂矿内迁的客观作用. 抗日
　战争研究，（3）：89-113.

刘强，马爱民，于晓莉，等. 2016. 上海、浙江实体经济发展调研. 宏观经济管理，
　（4）：57-60.

刘庆林，汪明珠. 2011. 知识溢出与跨国企业选址——基于中国数据的检验. 山东大学学
　报（哲学社会科学版），（1）：38-48.

刘伟，张辉. 2008. 中国经济增长中的产业结构变迁和技术进步. 经济研究，（11）：
　4-15.

刘修岩. 2009. 产业集聚与经济增长：一个文献综述. 产业经济研究，（3）：70-78.

刘修岩，何玉梅. 2011. 集聚经济、要素禀赋与产业的空间分布：来自中国制造业的证
　据. 产业经济研究，（3）：10-19.

刘修岩，邵军，薛玉立. 2012. 集聚与地区经济增长：基于中国地级城市数据的再检验.
　南开经济研究，（3）：52-64.

刘修岩，殷醒民，贺小海. 2007. 市场潜能与制造业空间集聚：基于中国地级城市面板数
　据的经验研究. 世界经济，（11）：56-63.

卢福财，罗瑞荣. 2010. 全球价值链分工对中国经济发展方式转变的影响与对策. 江西财
　经大学学报，（4）：26-32.

鹿坪. 2017. 产业集聚能提高地区全要素生产率吗？——基于空间计量的实证分析. 上海
　经济研究，（7）：60-68.

路江涌，陶志刚. 2007. 我国制造业区域集聚程度决定因素研究. 经济学，（3）：801-
　816.

罗登跃. 2012. 三阶段DEA模型管理无效率估计注记. 统计研究，（4）：104-107.

罗勇，曹丽莉. 2005. 中国制造业集聚程度变动趋势实证研究. 经济研究，（8）：106-
　115.

吕铁. 2002. 制造业结构变化对生产率增长的影响研究. 管理世界，（2）：87-9

吕铁，周淑莲. 1999. 中国的产业结构升级与经济增长方式转变. 管理世界，（1）：113-125.

毛其淋，盛斌. 2011. 对外经济开放、区域市场整合与全要素生产率. 经济学，11（1）：181-210.

欧向军，顾雯娟. 2016. 江苏省经济增长动力的时空分析. 地理研究，（5）：966-976.

齐植璐. 1983. 抗战时期工矿内迁与官僚资本的掠夺. 全国政协文史资料研究委员会. 工商经济史料丛刊（第二辑）. 北京：文史资料出版社.

萨缪尔森 P，诺德豪斯 W. 2008. 经济学（第十八版）. 北京：人民邮电出版社.

单豪杰. 2008. 中国资本存量 K 的再估算：1952～2006年. 数量经济技术经济究，（10）：17-31.

上海城市创新经济研究中心课题组. 2017. 上海推进供给侧结构性改革制度供给研究. 科学发展，（2）：12-23.

沈能，赵增耀，周晶晶. 2014. 生产要素拥挤与最优集聚度识别——行业异质性的视角. 中国工业经济，（5）：83-95.

舒辉，周熙登，林晓伟. 2014. 物流产业集聚与全要素生产率增长——基于省域数据的空间计量分析. 中央财经大学学报，（3）：98-105.

斯密 A. 1972. 国民财富的性质和原因研究. 郭大力，王亚南译. 北京：商务印书馆.

孙慧，朱俏俏. 2016. 中国资源型产业集聚对全要素生产率的影响研究. 中国人口•资源与环境，（1）：121-130.

王海燕. 2015. 上海参与"两带一路"建设的优势、挑战与对策研究——基于中国省际面板数据的实证分析. 上海经济研究，（4）：123-129.

王丽丽，范爱军. 2009. 空间集聚与全要素生产率增长——基于门限模型的非线性关联研究. 财贸经济，（12）：105-11.

王燕，徐妍. 2012. 中国制造业空间集聚对全要素生产率的影响机理研究——基于双3门限回归模型的实证分析. 财经研究，（3）：135-144.

王业强，魏后凯. 2007. 产业特征、空间竞争与制造业地理集中——来自中国的经验证据. 管理世界，（4）：68-77，171-172.

韦伯 A. 1997. 工业区位论. 李刚剑，等译. 北京：商务印书馆.

文东伟，冼国明. 2014. 中国制造业产业集聚的程度及其演变趋势：1998～2009年. 世界经济，（3）：3-31.

文玫. 2004. 中国工业在区域上的重新定位和聚集. 经济研究，（2）：84-94.

吴敬琏. 2006. 中国增长模式抉择. 上海：远东出版社.

吴亚菲，孙淼. 2017. 长三角城市群经济增长和产业集聚的关联效应研究. 上海经济研究，（5）：44-50.

吴延兵. 2006. R&D 与生产率——基于中国制造业的实证研究. 经济研究，（11）：60-71.

徐盈之，彭欢欢，刘修岩. 2011. 威廉姆森假说：空间集聚与区域经济增长——基于中国省域数据门槛回归的实证研究. 经济理论与经济管理，（4）：95-102.

许德友，梁琦. 2012. 贸易成本与国内产业地理. 经济学，（3）：1113-1136.

严成樑. 2017. 我国产业结构变迁与经济增长的动力——基于多部门模型的反事实分析. 华中师范大学学报（人文社会科学版），（2）：63-72.

杨本建，王珺. 2015. 地方政府合作能否推动产业转移——来自广东的经验. 中山大学学报（社会科学版），（1）：193-208.

杨天宇，曹志楠. 2015. 中国经济增长速度放缓的原因是"结构性减速"吗？中国人民大学学报，（4）：69-79.

于斌斌. 2015. 产业结构调整与生产率提升的经济增长效应——基于中国城市动态空间面板模型的分析. 中国工业经济，（12）：83-98.

于津平，许小雨. 2011. 长三角经济增长方式与外资利用效应研究. 国际贸易问题，（1）：72-81.

于倩，江晴. 2012. 协同演化视角下承接产业转移与经济发展方式转变的互动机制研究. 宏观经济研究，（10）：90-95.

袁丹，雷宏振. 2015. 产业集聚对生产性服务业效率的影响——理论与实证分析. 软科学，（12）：36-39，59.

袁冬梅，魏后凯. 2011. 对外开放促进产业集聚的机理及效应研究——基于中国的理论分析与实证检验. 财贸经济，（12）：120-126.

臧新，刘晓沛，张昕. 2011. 产业集聚与分散状态决定因素的比较研究. 产业经济研究，（6）：1-10.

张公嵬，梁琦. 2010. 出口、集聚与全要素生产率——基于制造业行业面板数据的实证研究. 国际贸易问题，（12）：12-19.

张公嵬，陈翔，李赞. 2013. FDI、产业集聚与全要素生产率增长——基于制造业行业的实证分析. 科研管理，（9）：114-122.

张辽. 2013. 要素流动、产业转移与经济增长——基于省区面板数据的实证研究. 当代经济科学，（5）：96-105.

张亚斌，刘靓君. 2008. 生产性服务业对我国经济增长的影响研究——基于东、中、西部面板数据的实证分析. 世界经济与政治论坛，（4）：79-86.

张云飞. 2014. 城市群内产业集聚与经济增长关系的实证研究——基于面板数据的分析. 经济地理，（1）：108-113.

章元，刘修岩. 2008. 聚集经济与经济增长：来自中国的经验证据. 世界经济，（3）：60-70.

赵伟，张萃. 2008. 中国制造业区域集聚与全要素生产率增长. 上海交通大学学报（哲学社会科学版），（5）：52-56，64.

赵文军，于津平. 2014. 市场化进程与我国经济增长方式——基于省际面板数据的实证研究. 南开经济研究, （3）: 3-22.

钟廷勇, 国胜铁, 杨珂. 2015. 产业集聚外部性与我国文化产业全要素生产增长率. 管理世界, （7）: 178-179.

周兵, 蒲勇健. 2003. 一个基于产业集聚的西部经济增长的实证分析. 数量经济技术经济研究, （8）: 143-147.

周文博, 樊秀峰, 韩亚峰. 2013. 服务业地理集聚对全要素生产率影响的实证分析. 统计与决策, （15）: 120-124.

周业安, 冯兴元, 赵坚毅. 2004. 地方政府竞争与市场秩序的重构. . 中国社会科学, （1）: 56-66.

朱汉清. 2010. 要素转移与产业转移的比较研究. 经济学家, （12）: 58-63.

朱允卫. 2013. 东部地区产业向中西部转移的理论与实证研究. 杭州: 浙江大学博士学位论文.

Aghion P, Howitt P. 1992. A model of growth through creative destruction. Eeanometriea, 60（2）: 325-351.

Amiti M. 2005. Location of vertically linked industries: Agglomeration versus comparative advantage. European Economic Review, 49（4）: 809-832.

Amiti M, Javorcik B S. 2008. Trade costs and location of foreign firms in China. Journal of Development Economics, 85（1-2）: 129-149.

Baldwin R E, Forslid R. 2000. The Core-periphery model and endogenous growth: Stabilizing and destabilizing integration. Economica, 67（267）: 307-324.

Baldwin R E, Martin P, Ottaviano G I P. 2001. Global income divergence, trade, and Industrialization: The geography of growth take-offs. Journal of Economic Growth, （1）: 5-37.

Banker R, Charnes D, Cooper A, et al. 1984. Estimation of technical and scale inefficiencies in data envelopment analysis. Management Science, 30: 1078-1092.

Beeson P. 1987. Total factor productivity growth and agglomeration economics in manufacturing. Journal of Regional Science, 27（2）: 183-199.

Bertinellin L, Black D. 2004. Urbanization and growth. Journal of Urban Economics, 56（1）: 80-96.

Birkinshaw J. 2000. Regional clusters and multinational enterprises, independence, dependence, or interdependence. International Studies of Management and Organization, 30（2）: 25-144.

Dupont V. 2007. Do geographical agglomeration, growth and equity conflict? Papers in Regional Science, 86（2）: 193-213.

Duranton G, Overman H G. 2005. Testing for localization using micro-geographic data. Review of Economic Studies, 72（4）: 1077-1106.

Duranton G, Overman H G. 2008. Exploring the detailed location patterns of U. K. manufacturing industries using micro -geographic data. Journal of Regional Science, 48 (1): 213-243.

Ellison G, Glaeser E L. 1997. Geographic concentration in U. S. manufacturing industries: A dartboard approach. Journal of Political Economy, 105 (5): 889-927.

Ellison G, Glaeser E L, Kerr W R. 2010. What causes industry agglomeration? Evidence from coagglomeration patterns. American Economic Review, 100 (3): 1195-1213.

Färe R, Grosskopf S, Norris M, et al. 1994. Productivity growth, technical progress, and efficiency change in industrialized countries. American Economic Review, 84 (5): 1040-1044.

Feldman M, Audretsch D. 1999. Innovation in cities: science-based diversity, specialization and localized competition. European Economic Review, 43 (2): 409-429.

Forslid R, Ottaviano G I P. 2003. An analytically solvable core-periphery model. Jouurnal of Economic Gerography, 3 (3): 229-240.

Fried H O, Lovell C A K, Schmist S S, et al. 2002. Accounting for environmental effects and statistical noise in data envelopment analysis. Journal of Productivity Analysis, 17 (2): 157-174.

Fujita M, Thisse J F. 2003. Does geographical agglomeration foster economic growth? And who gains and loses from it? The Japanese Economic Review, 54 (2): 121-45.

Fujita M, Krugman P R, Venables A. 1999. The spatial economy: Cites, regions and international trade. Cambridge, MA: MIT Press.

Gao T. 2004. Regional industrial growth: Evidence from Chinese industries. Regional Science and Urban Economics, 34 (1): 101-124.

Gopinath M, Piek P, Li Y. 2004. An empirical analysis of productivity growth and industrial concentration in US manufacturing. Applied Economies, 36 (1): 1-17.

Grossman G M, Helpman E. 1991. Innovation and growth in the global economy. Cambridge, MA: MIT Press.

Hu D P. 2002. Trade, rural-urban migration and regional income disparity in developing countries: A spatial general equilibrium model inspired by the case of China. Regional Scienceand Urban Economics, 32 (3): 311-332.

Jacobs J. 1969. The economy of cities. New York: Random House.

Krugman P R. 1991. Increasing returns and economic geography. Journal of Political Economy, 99 (3): 483-499.

Lucas R E Jr. 1998. On the mechanism of economic development. Journal of Monetary Economics, 22 (1): 3-22.

Marshall A. 1890. Principles of economics. London：MacMillan.

Martin P，Ottaviano G. 1999. Growing locations：industry location in a model of endogenous growth. European Economic Review，43（2）：281-302.

Martin P，Rogers C A. 1995. Industrial location and public infrastructure. Journal of International Economics，39（3-4）：335-351.

Mitra A，Sato H. 2007. Agglomeration economies in Japan：Technical efficiency，growth and unemployment. Review of Urban and Regional Development Studies，19（3）：197-209.

Porter M E. 1990. The competitive advantage of nations. New York：Free Press.

Robert-Nicoud F. 2002. A. simple geography model with vertical linkages and capital mobility. Mimeo：London School of Economics.

Romer，P M. 1986. Increasing returns and long-run growth. Journal of Political Economy，94（5）：1002-1037.

Varga A，Schalk H J. 2004. Knowledge spillovers，agglomeration and macroeconomic growth：An empirical approach. Regional Studies，38（8）：977-989.

Venables A J. 1996. Equilibrium locations of vertically linked industries. International Economic Review，37（2）：341-359.

Young A. 2000. The razor's edge：distortions and incremental reform in the People's Republic of China. The Quarterly of Economics，115（4）：1091-1135.